M000234115

FUERTE

MEDITACIONES

*para disfrutar
una vida poderosa
y apasionada*

LISA BEVERE

Unilit

Publicado por
Unilit
Medley, FL 33166

Primera edición 2021
(Published by arrangement with Thomas Nelson, a division of HarperCollins Christian Publishing, Inc.)

© 2020 por *Lisa Bevere*
Título del original en inglés: *Strong*
Publicado por *Thomas Nelson*
Thomas Nelson es una marca registrada de *HarperCollins Christian Publishing, Inc.*
Nashville, Tennessee

Traducción: *Nancy Pineda*
Maquetación: *produccioneditorial.com*

Reservados todos los derechos. Ninguna porción ni parte de esta obra se puede reproducir, ni guardar en un sistema de almacenamiento de información, ni transmitir en ninguna forma por ningún medio (electrónico, mecánico, de fotocopias, grabación, etc.) sin el permiso previo de los editores, excepto en el caso de breves citas contenidas en artículos o reseñas importantes.

A menos que se indique lo contrario, el texto bíblico se tomó de la Santa Biblia, Nueva Versión Internacional ® NVI®
Propiedad literaria © 1999 por Bíblica, Inc.™
Usado con permiso. Reservados todos los derechos mundialmente.
El texto bíblico indicado con «NTV» ha sido tomado de la *Santa Biblia*, Nueva Traducción Viviente, © Tyndale House Foundation 2008, 2009, 2010. Usado con permiso de Tyndale House Publishers, Inc., 351 Executive Dr., Carol Stream, IL 60188, Estados Unidos de América. Todos los derechos reservados.
Las citas bíblicas señaladas con (LBLA) son tomadas de *La Biblia de las Américas*®. Copyright © 1986, 1995, 1997 por The Lockman Foundation. Usadas con permiso. www.lbla.org.
Las citas bíblicas señaladas con LBD se tomaron de la Santa Biblia, *La Biblia al Día*. © 1979 por la Sociedad Bíblica Internacional.
El texto bíblico señalado con RVC ha sido tomado de la Versión Reina Valera Contemporánea™ © Sociedades Bíblicas Unidas, 2009, 2011. Antigua versión de Casiodoro de Reina (1569), revisada por Cipriano de Valera (1602). Otras revisiones: 1862, 1909, 1960 y 1995. Utilizada con permiso.
Las citas bíblicas señaladas con DHH se tomaron de *Dios Habla Hoy*®, tercera edición. © Sociedades Bíblicas Unidas 1966, 1970, 1979, 1983, 1994. Dios habla hoy® es una marca registrada de Sociedades Bíblicas Unidas y puede ser usada solo bajo licencia.
Texto bíblico: *Reina-Valera 1960* ® [RVR60] © Sociedades Bíblicas en América Latina, 1960. Renovado © Sociedades Bíblicas Unidas, 1988. *Reina-Valera 1960* ® es una marca registrada de las Sociedades Bíblicas Unidas, y puede ser usada solamente bajo licencia.
Las citas bíblicas señaladas con RVA se tomaron de la Santa Biblia, Versión Reina-Valera 1909, por las Sociedades Bíblicas Unidas.

Cualquier dirección de internet, números de teléfono o información de compañía o producto que aparecen impresos en este libro se ofrecen como recurso y de ninguna manera están destinados a ser un reconocimiento ni una sugerencia de los mismos, pues Unilit no garantiza la existencia, el contenido ni los servicios de estos sitios, números de teléfono, compañías o productos más allá de la vigencia de este libro.

Producto: 495946

ISBN: 0-7899-2543-5 / 978-0-7899-2543-5

Categoría: *Vida cristiana / Vida práctica / Mujeres*
Category: *Christian Living / Practical Life / Women*

Impreso en Colombia
Printed in Colombia

CONTENIDO

SEXTA PARTE: *Fuerte en la batalla*

SÉPTIMA PARTE: *Fuerte en la gracia*

OCTAVA PARTE: *Fuerte en el dominio propio*

NOVENA PARTE: *Fuerte en la libertad*

DÉCIMA PARTE: *Fuerte en la santidad*

Fuerte en Dios

1

ES BUENO
SER FUERTE

Sean fuertes en el Señor y en su gran poder.

EFESIOS 6:10, NTV

Al comenzar este viaje de volvernos fuertes, primero establezca-
mos algo en nuestros corazones:

Es bueno ser fuerte.

Con demasiada frecuencia, las cristianas están asociadas con la de-
bilidad más que con la fuerza. A veces la religión nos ha enseñado a
escondernos en lugar de revelarnos. Es cierto que tenemos el llamado
a ser mansas, pero no débiles. La mansedumbre se define mejor como
la fuerza bajo control. Tanto Moisés como Jesús fueron mansos, pero
no débiles. Los mansos saben que su fuerza proviene de Dios. Ester fue
una mujer mansa, pero no fue débil. Los mansos también son humildes,
pues entienden que su fuerza viene de un poder superior. Los mansos
saben cómo y cuándo luchar, pero no lo están buscando.

La fuerza es una espada de doble filo que puede usarse como
arma de destrucción o como medio de liberación que desata a los
cautivos. No es poco común que las primeras cautivas que requieran
libertad seamos nosotras mismas.

Esta vida requiere fuerza. Y a medida que se prolonga nuestra
vida, esta se vuelve más difícil. Vivir de manera piadosa en una cultura impía requerirá mucha más fuerza de la que tú o yo podamos
juntar por nuestra cuenta. Por fortuna, no estamos solas. Analice-
mos los siguientes versículos de Efesios que describen por qué cada

una de nosotras debe aceptar el desafío y hacerse fuerte. Después de describir cómo interactuamos en las relaciones, Pablo comienza Efesios 6:10-18 con: «Por último, fortalézcanse con el gran poder del Señor» (v. 10).

Las relaciones requieren fuerza. Sin embargo, cada vez que trato de amar, o incluso caerle bien a alguien con mis propias fuerzas, estoy condenada al fracaso. Tenemos una capacidad humana muy limitada para el tipo de fuerza que necesitamos cada día. Por eso aprovechamos la fuerza y el poder de nuestro Señor. Otra versión solo lo dice así: «Sean fuertes en el Señor y en su gran poder» (NTV).

Dios sabe que no somos fuertes, así que Él nos hace fuertes. David aprovechó esta fuente de fortaleza cuando era un pastor adorador. Nuestro Dios es todopoderoso para hacernos poderosas. Nuestro Padre es todopoderoso para darles poder a sus hijas. Dios tiene un plan para tu vida y el diablo tiene una artimaña. Su artimaña es apartarte del plan de Dios. Debo advertirte que el diablo no peleará de manera justa. En el momento en que te convertiste en una hija de Dios, el Espíritu Santo de Dios te selló y el enemigo lo advirtió. Antes que nacieras de nuevo, eras su esclava, y ahora eres un objetivo. Entonces, una vez que conocemos nuestra verdadera fuente de fuerza, es hora de armarnos. «Pónganse toda la armadura de Dios para que puedan hacer frente a las artimañas del diablo» (Efesios 6:11).

Amado Padre celestial:
Te doy gracias porque eres fuerte y también me quieres fuerte.
Me pondré tu armadura para estar firme en tu plan.

Soy fuerte

PORQUE DIOS ES LA FUENTE DE MI FORTALEZA.

2

SEGURAS
EN CRISTO

La justicia morará en el desierto, y en el campo fértil
habitará la rectitud. El producto de la justicia será la paz;
tranquilidad y seguridad perpetuas serán su fruto.

ISAÍAS 32:16-17

Cuando piensas en la imagen de una mujer segura, ¿qué te imaginas? En las revistas, en las tiendas, y casi cada vez que miramos una pantalla, vemos la idea del mundo de una mujer segura de sí misma, que llama la atención con su sonrisa de control y su estilo impecable. No es casualidad que esta seguridad esté a menudo a la venta, en forma de un producto de belleza o estilo de vida que nos llevará de un «antes» menos deseable a un fabuloso «después». Sin embargo, a la larga, buscar la afirmación en el éxito o el atractivo es una búsqueda vacía. ¿Cuántos «me gusta» necesitamos en una foto o cuántos comentarios de extraños harán falta para que por fin digamos: «Es suficiente... Estoy completa»? Te prometo que un millón por día nunca sería suficiente para saciarnos.

Si confiamos en la popularidad o la belleza, buscaremos a cada momento a otros para afirmar nuestro valor y atractivo. Nuestra autoestima se verá en peligro y amenazada varias veces por otras mujeres, y nuestra seguridad será fugaz. Aun así, hay otro camino. Tenemos un Príncipe que siempre está dispuesto a embellecer a las mujeres que vienen a Él.

La seguridad que nos da va más allá de lo que incluso sabemos cómo permitir que alguien advierta. Es más que una simple fachada, un efecto o un nuevo accesorio. Es el profundo y afectuoso resplandor que proviene del conocimiento de que somos amadas y conocidas en gran medida. Cuando a una mujer se le ama así... se ve. Jesucristo nos ha bendecido con su favor. Es hora de permitir que su amor sea más que suficiente y dejar de buscar satisfacción en otro lugar.

Llegó el momento de darle un vistazo al «antes y después» de nuestras almas. Llegó el momento de apreciar lo que de veras ha hecho Cristo y desarrollar nuestra seguridad en esto. El amor que Él provee nunca se desvanece. Él anhela apoyarnos con ternura a cada una de nosotras, a fin de que podamos florecer en su amor.

Señor:
Gracias por renovarme, limpiarme y restaurarme a diario
para que sea la mujer que visualizas. Tengo seguridad
en tu gracia salvadora.

Soy fuerte

PORQUE JESÚS ME HA DADO UNA VERDADERA FUENTE DE SEGURIDAD.

3

NO ESTÁS SOLA

Ustedes no han sufrido ninguna tentación que no sea común al género humano. Pero Dios es fiel, y no permitirá que ustedes sean tentados más allá de lo que puedan aguantar. Más bien, cuando llegue la tentación, él les dará también una salida a fin de que puedan resistir.

1 CORINTIOS 10:13

Aunque es posible que nunca vea tu cara ni tenga el honor de saber tu nombre, sé que no somos tan diferentes y que en el transcurso de la vida afrontaremos muchos de los mismos desafíos. Corintios nos promete que cualquier problema que afrontaremos no es únicamente nuestro. No estamos solas en nuestras pruebas o victorias. Sin embargo, a Satanás, el enemigo de nuestras almas, le encanta aislarnos y acusarnos a cada una de nosotras como si lo estuviéramos. Susurra mentiras: «Tú eres la única que lucha con esto. ¡Nadie es tan mala como tú!». De alguna forma, sé que has escuchado esto porque yo también he escuchado esta mentira.

Dios no tiene favoritos cuando se trata de sus promesas y de su Palabra. Recibe a todas las que vienen a Él con un corazón humilde y obediente. Esto no es cierto para las arrogantes y santurronas que se imaginan que lo tienen todo resuelto. Él nos escucha mejor cuando venimos agotadas y agobiadas de tratar de hacerlo por nuestra cuenta. Dios levanta a las cansadas y quebrantadas, y las invita: «Si a alguno de ustedes le falta sabiduría, pídasela a Dios, y él se la dará» (Santiago 1:5).

Hay demasiadas mujeres preciosas que se sienten solas y aisladas. Es hora de que nos demos cuenta de que así como estamos unidas en nuestras luchas, podemos estar unidas en nuestra fuerza. Quizá te hayas sentido aislada y acusada. Estas son mentiras. No estás sola. Tu Señor es tu redentor en lugar de tu acusador.

Esta es una de las muchas razones por las que la comunidad es tan importante. Cuando nos conectamos con otras personas que ya pasaron por la lucha en la que estamos ahora, nos sentimos alentadas a tener fe. Salimos con fe y nos atrevemos a creer que así como Dios fue fiel con ellas, Él será fiel con nosotras. Permíteme asegurarte:

Dios no está enojado contigo.

Él no es tu acusador.

Él está más que dispuesto a ayudar.

Y tú no estás sola.

Padre:
Te alabo porque no estoy sola ni he sido acusada por ti.
Gracias por recibirme en tu presencia sanadora.
A medida que me sane, hablaré de mi travesía
para que otras se animen también.

Soy fuerte

PORQUE NO ESTOY SOLA. MI SEÑOR ES MI REDENTOR, NO MI ACUSADOR.

4

DIOS TE ESCUCHA

Dios sí me ha escuchado, ha atendido a la voz de mi plegaria.

SALMO 66:19

omo te dirán muchos padres de niños pequeños, a veces nuestros preciosos y hermosos ángeles golpean, insultan o lanzan ataques para salirse con la suya (no muy diferente a nosotras de vez en cuando). En el calor y la intensidad de una batalla con un niño de dos años, parecería más fácil para todos los involucrados dejar que se saliera con la suya. Lo dejas ganar esta batalla con la esperanza de que más tarde tú ganarás la guerra. Bueno, es posible, pero solo con mayor dificultad y mucha más lucha que la confrontación que se presentó en un inicio. Recompensar el mal comportamiento siempre vuelve para morderte al final. En última instancia, no le haces un favor al niño, sino un perjuicio. Dios, nuestro Padre celestial, es el más sabio de todos los padres. Él sabe cuándo esa *cosa* por la que armamos un berrinche pondrá en peligro algo de mayor valor... nuestro carácter.

Confieso que ha habido momentos en los que he sido culpable de montar un berrinche para salirme con la mía. Gimoteaba y me quejaba: «Dios, ¿cómo es que ellos tienen esto y yo no?». Otras veces era interpersonal: «Dios, ¡sabes que tengo razón y ellos están equivocados! ¡Díselos o muéstraselos!». Esto fue conveniente sobre todo en desacuerdos con mi esposo u otros cristianos. Me imaginaba a Dios interrumpiendo su tiempo devocional para decirles cuánta razón tenía yo. Por supuesto, estas oraciones nunca recibieron respuesta. Estoy muy agradecida de que Dios buscara mi bien en lugar de darme lo que quería.

Hay muchos motivos para la oración sin respuesta, pero nunca des por sentado que no está respondiendo porque no está escuchando. Él siempre está buscando de forma activa nuestro crecimiento hacia un bien mayor, incluso más allá de nuestra comprensión en el momento. Ya sea que oremos con la mejor intención o con una visión limitada, Él inclina su oído hacia nosotras, sabiendo con exactitud lo que necesitamos. Tiene una perspectiva eterna en mente. A medida que maduraba y me atrevía a abandonarme a mí misma y a los demás en las manos de Dios, su justicia prevalecía sin mis ideas. Siempre podemos contar con Él para escuchar y responder de manera que revele su soberanía suprema en nuestras vidas.

Señor:
Estoy agradecida de que cuando hablo tú escuchas
con gracia, y respondes con tu voluntad y sabiduría.
Mi futuro está a salvo en tus manos.

Soy fuerte

PORQUE ESTOY EN LAS MANOS DE QUIEN SABE LO QUE ME DEPARA EL FUTURO.

5

NUESTRO VERDADERO DESEO

A las montañas levanto mis ojos; ¿de dónde ha de venir mi ayuda? Mi ayuda proviene del Señor, creador del cielo y de la tierra.

SALMO 121:1-2

Todo el mundo busca la satisfacción. Algunos pueden recurrir al dinero, al poder o al éxito mundano para encontrarla. Para otros es la búsqueda del amor, el sexo o la aprobación. La satisfacción puede incluso buscarse en cosas positivas, como ayudar a la gente o abogar por la justicia. No obstante, si buscamos la satisfacción fuera de Dios, terminaremos decepcionadas a la larga. Siempre es frustrante buscar lo adecuado en el lugar equivocado.

Tenemos que levantar los ojos al cielo, porque nuestra ayuda viene de nuestro Creador. Solo allí encontraremos nuestra fuente de satisfacción. He aquí la triste verdad: Cuando insistimos en perseguir otras cosas, Dios nos permite seguir nuestro camino. Del mismo modo que no impidió que Adán y Eva extendieran la mano y tomaran la fruta en el jardín, no nos impide que nos aferremos a algo para salirnos con la nuestra. Él quiere ser nuestro verdadero deseo, pero nos deja tener lo que queremos, incluso si es perjudicial para nosotras. Pablo escribió acerca de la humanidad: «Además, como estimaron que no valía la pena tomar en cuenta el conocimiento de Dios, él a su vez los entregó a la depravación mental, para que hicieran lo que no debían hacer» (Romanos 1:28).

Cuando pataleamos y decimos: «¡No! ¡Quiero lo que quiero!», Dios da un paso atrás y nos deja tener lo que exige nuestra tonta voluntad. Solo más tarde descubrimos que nos quedamos cortas con relación a nuestras expectativas.

Dios no quiere que nos castiguen más de lo que quiere que nos cautiven. Escuchen su constante invitación: «Vengan, pongamos las cosas en claro —dice el Señor—. ¿Son sus pecados como escarlata? ¡Quedarán blancos como la nieve! ¿Son rojos como la púrpura? ¡Quedarán como la lana! ¿Están ustedes dispuestos a obedecer? ¡Comerán lo mejor de la tierra!» (Isaías 1:18-19).

Volvamos a Él con corazones dispuestos y obedientes, y hagámoslo nuestra fuente de fuerza y ayuda.

Padre celestial:
Perdóname por recurrir a cosas vanas cuando tú eres mi
verdadera fuente de vida y ayuda. Límpiame y ayúdame
a desarrollar un espíritu dispuesto y obediente.

Soy fuerte

¡PORQUE EL CREADOR DEL CIELO
Y DE LA TIERRA ME HIZO ASÍ!

6

SATISFECHA

Mi alma quedará satisfecha como de un suculento banquete,
y con labios jubilosos te alabará mi boca. En mi lecho me
acuerdo de ti; pienso en ti toda la noche. A la sombra de tus
alas cantaré, porque tú eres mi ayuda. Mi alma se aferra
a ti; tu mano derecha me sostiene.

SALMO 63:5-8

Piensa en esa ocasión en la que asististe a un banquete donde había una gran variedad de alimentos saludables y deliciosos, pero no te excediste. Disfrutaste lo suficiente y no demasiado. Esa noche, mientras dormías, había satisfacción en lugar de incomodidad. Es satisfactorio en gran medida estar bien alimentada y descansada.

Nuestras almas pueden experimentar el mismo tipo de satisfacción que nuestros cuerpos. Al igual que David, podemos elegir quedarnos en la cama y recordar la bondad de Dios. O podemos acostarnos en la cama, y recordar nuestras luchas y nuestros fracasos. Se nos anima a que descansemos nuestras mentes al pensar en las maravillas de nuestro Padre. Imagina a un poderoso pájaro refugiándose y protegiendo a sus crías con sus alas. (De ahora en adelante, ¡así es que voy a ver mi Cobertor!). Entonces, mientras dormimos, descansamos. En esa atmósfera de gratitud y admiración, nuestro corazón canta acerca de la ayuda y protección del Señor en nuestra vida. Todos los días pueden ser una celebración de Él.

El sueño es un misterio. En realidad, es un momento en el que somos más vulnerables. Perdemos la conciencia y nos desvanecemos por unas horas. Casi todo el mundo dormía de manera más profunda como niños que como adultos. Contentos y despreocupados, los niños intercambian las actividades de su día por rendirse durante la noche. Como adultas, nos resulta más difícil separar las actividades de nuestro día de nuestro descanso nocturno. Tendemos a llevar las cosas equivocadas a la cama con nosotras. Cuando hacemos esto, luchamos con preocupaciones y temores hasta el amanecer, y nos despertamos más cansadas que cuando nos acostamos.

Descubrí que nunca dormía bien cuando dejaba que mis preocupaciones me invadieran antes de acostarme. La noche es el momento del día para cerrar los ojos y abrirle nuestro corazón al Señor. El Salmo 127:2 promete: «Dios concede el sueño a sus amados». Ten en cuenta que no dice que Él le da el sueño a la gente perfecta ni a la que tuvo un día perfecto. Él les da el sueño a las hijas que ama. Tú eres esa hija. Quiero que imagines la bondad y protección de Dios arropándote esta noche. Si lo haces, apuesto a que en la mañana te despertarás con una canción de adoración en tu cabeza.

Señor:
Cada noche dejaré pasar mi imperfecto día y
pensaré en tu perfecto amor. Me amas porque
eres amor. Gracias por darme el sueño.

Soy fuerte

CUANDO MEDITO EN LA BONDAD DE DIOS
Y MI ALMA ENCUENTRA DESCANSO.

7

TRANQUILA POR AMOR

El Señor tu Dios está en medio de ti como guerrero victorioso. Se deleitará en ti con gozo, te renovará con su amor, se alegrará por ti con cantos.

SOFONÍAS 3:17

*M*uchas de nosotras estamos en una pesadilla sexual. Otras están en pesadillas relacionales. Algunas de nosotras estamos en pesadillas financieras. He aprendido que a menudo la mejor manera de combatir una pesadilla es con el sueño.

Por ejemplo, cuando mis hijos se despertaban en la noche asustados, enfermos o demasiado excitados, los acercaba a mí, a fin de tranquilizarlos. Para hacer esto, los mecía o me acostaba a su lado en sus camas, o si era tarde y mi esposo estaba fuera, los llevaba a mi cama. ¿Por qué? Quería que supieran que estaba cerca. Era allí, en mis brazos, donde escuchaba sus miedos mientras les acariciaba el pelo. Les susurraba afirmaciones del amor de Dios y del mío, y les recordaba su fiel protección. Les cantaba canciones de cuna hasta que su respiración me decía que se habían vuelto a dormir.

Estos aspectos de la tierna respuesta de una madre a sus asustados hijos provienen del corazón de Dios. No son más que un pequeño reflejo de su deseo de consolarnos. Cuando estamos dolidas, cuando fallamos, cuando estamos asustadas, Dios quiere que nos acerquemos a Él y que nunca nos alejemos. Como sus hijas, nos invita a refugiarnos en sus brazos de seguridad y amor. Allí nos dará visiones de belleza, capaces de devolvernos la tranquilidad y el descanso.

Me encantan las imágenes de un padre que acuna a su hija con ternura para que se pueda volver a dormir, de modo que logre descansar y sanar. Creo de todo corazón que tu Padre Dios quiere hacer lo siguiente por ti:

- acercarte
- lavar cada rastro de culpa y vergüenza de ti
- apartar tus miedos dirigiéndote a la luz de la verdad
- darte una esperanza y un futuro
- acunarte hasta que se calme la tormenta
- devolverte el descanso
- restaurar el sueño en tu corazón

Dios no está distante ni es inaccesible. Está listo para venir en nuestra ayuda y nos salva con su gran poder. No se molesta cuando lloramos de miedo o impotencia. Se deleita en tranquilizar a sus hijas tal como una madre considera que es un placer consolar a las suyas. Sin embargo, la capacidad de una madre para consolar tiene sus límites, mientras que la capacidad de Dios para consolar es tan ilimitada como su amor. La profundidad del carácter de Dios nos tranquiliza, mientras Él nos canta. Invítalo a acercarse y a calmar las tormentas que no puedes aquietar tú.

Padre celestial:
Me acerco a ti, creyendo en la promesa de Sofonías 3:17 de que
estás conmigo y me tranquilizarás con tu amor. El sueño de esto
es más poderoso que cualquier pesadilla que afronto ahora.
Me rindo para descansar en ti.

Soy fuerte

PORQUE EL PODEROSO ESTÁ CONMIGO,
CANTANDO Y TRANQUILIZANDO MI ALMA
CON SU AMOR.

8

GUARDADA SEGURA

*Con toda diligencia guarda tu corazón, porque
de él brotan los manantiales de la vida.*

PROVERBIOS 4:23, LBLA

¿Qué es lo más valioso de tu casa? ¿Qué pasaría si te lo robaran o lo perdieras? Es posible que logres sustituir el artículo con ahorros o seguro, lo cual es una molestia para estar confiada, pero no es un desastre total. Ahora bien, ¿cuál es el artículo más valioso de tu casa en lo emocional? Tal vez, como para mí, sea un álbum de fotos u otro elemento que cuenta la historia de un tiempo pasado. Si esto te lo llevaran de tu casa, sería casi imposible de reemplazar. Tendrías que aceptar su pérdida. Estarías triste, pero la vida continuaría. La verdad es que si un ladrón irrumpiera en tu casa y robara todo lo de valor, no se llevaría lo más valioso, pues no podría robar tu tesoro más preciado... tu corazón.

En realidad, la única manera de robar un corazón es si lo unes a alguien o a algo que pueda hurtártelo. Entonces, tu pérdida podría ser de veras grande. Por eso es que Dios nos dice que lo amemos con todo nuestro corazón, pues solo en Él nuestros corazones están a salvo. Tu corazón, o «sentimientos», como lo expresa una versión de la Biblia, tienen poder, «porque ellos influyen en la totalidad de tu vida» (Proverbios 4:23, LBD).

El versículo que nos dice que guardemos nuestros corazones también lo describe como «manantiales». Un manantial es una fuente de agua limpia, fresca y segura que nutre la vida de las plantas y los animales en su entorno. Sin duda, influye en todo lo que le rodea.

La civilización tiende a surgir alrededor de los manantiales de agua. En lugares áridos, un manantial es literalmente la diferencia entre la vida y la muerte. Si está contaminado de alguna manera, o si está separado de su fuente en las profundidades de la tierra, todo en el área se ve afectado. Las cosas se marchitan y mueren. Por lo tanto, vale la pena guardar y cuidar un manantial, protegerlo de la contaminación y mantener su conexión con la fuente.

Guardamos nuestros corazones como si proporcionaran manantiales de agua que vivifican nuestras vidas. Los guardamos de la contaminación que puede envenenarlos cuando los protegemos de la amargura y la ofensa. Los guardamos de la sequía manteniéndonos conectados con la verdadera fuente a través de la oración y la alabanza. Los guardamos de los sentimientos malsanos al no unirlos a cosas poco confiables de este mundo que pueden robar nuestros corazones. Cuando guardas con diligencia tu corazón, amando al «Señor tu Dios con todo tu corazón, con toda tu alma y con toda tu mente», como ordenó Jesús, Él te mantendrá segura y floreciente (Mateo 22:37).

Dios:
Muéstrame cómo entregarte todo mi corazón y guardarlo bien.
Sé que está más seguro bajo tu cuidado.

Soy fuerte
PORQUE GUARDO EL MANANTIAL DE MI CORAZÓN.

9

QUÉDATE QUIETA

«Quédense quietos, reconozcan que yo soy Dios».
SALMO 46:10, NTV

Esta noche, cuando te vayas a dormir, quiero que pruebes este experimento. Establece una rutina normal para acostarte de modo que descanses en el silencio y le abras tu corazón a Dios. Acepta la invitación a solo honrar a Dios, quedarte quieta y reconocer. ¿Reconocer qué? Reconocerlo como Dios al permitirle que se te revele en medio de tu vida, tanto en las alegrías como en los sufrimientos, conflictos o crisis. Él quiere susurrarte palabras de amor antes de que el sueño te venza.

En la quietud y calma, no digas nada... solo escucha. Si estás en medio de un conflicto, no justifiques tu posición. Quédate quieta y permite que Dios se te revele en tu silencio. Obtendrás su visión y perspectiva a medida que dejas a un lado todos tus razonamientos.

La oración y la meditación tienen mucho más que ver con lo que escuchamos que con lo que decimos. Cuando pensamos en la oración, a menudo la consideramos como algo que producimos: las palabras que decimos, las efusiones de nuestros corazones, nuestras peticiones presentadas ante Él. Todo esto es bueno. Sin embargo, eso no es todo lo que hay. Sí, hay un tiempo para pedirle lo que desean nuestros corazones. Hay un tiempo para pedir justicia y suplicarle. En cambio, los ríos de nuestras propias palabras no nos limpiarán. Solo expresan nuestro punto de vista. Mi torrente salvaje de razonamiento es demasiado fangoso y problemático para limpiarlo; solo revuelve las cosas y deposita residuos adicionales. Necesito sacar mi visión de las aguas profundas que tienen el poder de renovar, y eliminar mi culpa y vergüenza.

Pausa. *Selah*. Dedica tiempo para escuchar lo que dice tu Dios. Si las preocupaciones y los pensamientos tumultuosos llenan tu mente al final del día, no tienes que dejar que te quiten las fuerzas ni que perturben tu descanso. No te quedes ahí tumbada viendo repeticiones interminables de las tensiones y los fracasos del día. En su lugar, reclama un momento de silencio para estar con Aquel que puede traer la verdadera paz. En realidad, solo Él puede liberarte de los pensamientos que te desgastan y llenan tu alma mientras duermes. Cuando despiertes, descubrirás que «el gran amor del Señor nunca se acaba, y su compasión jamás se agota. Cada mañana se renuevan sus bondades; ¡muy grande es su fidelidad!» (Lamentaciones 3:22-23).

Padre:
Mientras me duermo, aquieta mi alma y háblale a
mi corazón. Solo tú puedes detener mis pensamientos
acelerados. Te doy los últimos momentos de mi día,
en agradecimiento por las nuevas misericordias
que me tienes reservadas por la mañana.

Soy fuerte

CUANDO ESTOY QUIETA Y TRANQUILA
ANTE MI DIOS.

Fuerte en el Espíritu

1

EL PODER DE
LA CANCIÓN

Canten al SEÑOR un cántico nuevo, porque ha hecho maravillas.
Su diestra, su santo brazo, ha alcanzado la victoria.

SALMO 98:1

Hay una hermosa y divina conexión entre el amor y la música. Se expanden y se revelan entre sí. La música tiene el poder de transportarnos. Las palabras inmersas en la música tienen el poder de tocar lugares en nuestros corazones que nada más puede alcanzar. Todas nos hemos visto arrastradas a un éxtasis de gran alegría o sumergidas a las profundidades del dolor por el poder de una canción.

La música es una clave esencial para el despertar de nuestro amor por Dios, porque tiene el poder de llevarnos más allá de nuestra realidad presente y a la presencia misma de Dios. Eleva nuestras emociones más verdaderas y profundas al acercarlas a la superficie y transportarlas a una dimensión más cercana al corazón de Dios. Puede hablar por nosotras cuando las palabras son difíciles de expresar y nuestros sentimientos son abrumadores.

¿Sabías que hay unción en la música? Por lo tanto, debes elegirla con sabiduría. En el Antiguo Testamento, la unción se asociaba con mayor frecuencia con el derramamiento de aceite sobre un rey, sacerdote o profeta. Era una representación tangible del Espíritu de Dios. En el Nuevo Testamento, la unción representaba la morada y el poder del Espíritu Santo para revelar a Cristo. Así que la música piadosa y ungida tiene el poder de llevarnos a su presencia. Ha habido momentos de adoración en los que su presencia me ha inundado por completo. Aunque no lo veía con mis ojos, era como si Él abarcara todo mi ser. En esa presencia, me sentía segura y amada del todo.

Debido a que la música tiene el poder de llevarnos a lugares de manera emocional, es importante que elijamos nuestros destinos con sabiduría. Si deseas caminar en pureza, debes protegerte contra cualquier influencia indeseada. La música pasará por alto tu primera línea de defensa y se instalará en tu mente... incluso si no lo deseas. Es posible que nunca hayas cantado tú misma la letra, pero ahí está de todos modos, repitiendo su mensaje una y otra vez en tu cabeza. Todas hemos escuchado a la gente quejarse: «¡Tengo esa canción metida en mi cabeza!».

Así que sustituye esas canciones impuras cantando otra, una canción celestial. No todas las canciones de la tierra son malas, pero no todas te acercarán a Dios. Lo harán las canciones del cielo. Mientras cantamos estas canciones, proclamamos nuestro amor y deseo por Dios. Esta es una forma de adoración, y la adoración siempre le da al adorador una mayor revelación del objeto de su deseo. Tú puedes usar el poder de la música para disfrutar de la presencia de Dios; esto no puede evitar acercarte más a Él.

Señor:
Gracias por el regalo de la música. Acércate a mí cuando eleve mi corazón en una canción y muéstrame cómo usar el poder de la música para fortalecer mi alma. Permite que cada canción en mi corazón te glorifique.

Soy fuerte

CUANDO ELEVO MI VOZ PARA ENTONAR UNA CANCIÓN CELESTIAL.

2

CONFIADA Y COMPETENTE

Esta es la confianza que delante de Dios tenemos por medio de Cristo. No es que nos consideremos competentes en nosotros mismos. Nuestra capacidad viene de Dios.

2 CORINTIOS 3:4-5

No estoy segura de que haya un solo aspecto en mi vida donde me sienta confiada y competente por completo. Sola, tengo la certeza de que soy incompetente. La buena noticia es que no tenemos que serlo. Dios es quien nos hace competentes. Nadie puede llevar una vida de fe sin la guía del Espíritu Santo. El rey David oró: «Crea en mí, oh Dios, un corazón limpio, y renueva un espíritu recto dentro de mí. No me eches de tu presencia, y no quites de mí tu santo Espíritu» (Salmo 51:10-11, LBLA).

David sabía quién era su fuente para un corazón limpio, y entendía la participación del Espíritu Santo en ese proceso. En Juan 20, Jesús les impartió el Espíritu Santo a sus discípulos. Necesitaban el Espíritu Santo para poder perdonar. En 2 Corintios 3:6 (RVC), leemos: «Él nos hizo ministros competentes de un nuevo pacto, no de la letra, sino del Espíritu; porque la letra mata, pero el Espíritu vivifica». ¿Por qué no invitas al Espíritu Santo a que inspire las Escrituras que encuentres a fin de que den vida y transformación?

El Espíritu Santo es el prometido Consolador y Consejero que nos enseñará y recordará todo lo que dijo Jesús. Este precioso don significa que tenemos un Tutor mientras estudiamos la Palabra y un Guía al seguir su corazón. El Espíritu abre nuestros ojos para que podamos ver, nuestros oídos para que podamos escuchar y nuestros corazones para que podamos creer.

Padre celestial:
Gracias por ser competente y confiar en ti. Espíritu
Santo, guíame y crea un espíritu renovado y recto
dentro de mí. Dame el poder de vivir de tal
manera que mi vida glorifique al Padre.

Soy fuerte
PORQUE CRISTO ME HACE CONFIADA Y COMPETENTE.

3

UN CORAZÓN SANO

El corazón alegre es buena medicina, pero el espíritu
quebrantado seca los huesos.

PROVERBIOS 17:22, LBLA

L a Biblia nos da una visión sorprendente de la fuente de nuestra salud. La humedad se encuentra en la médula o el centro de los huesos. Aquí es donde se fortalecen el sistema inmunitario y las células sanguíneas. Nuestra vida está en la sangre, y nuestra sangre está fortalecida con la médula en nuestros huesos. Si los huesos se secan, la fuente misma de nuestra vida se ve comprometida. Esto se confirma de nuevo en Proverbios 14:29-30: «El que es paciente muestra gran discernimiento; el que es agresivo muestra mucha insensatez. El corazón tranquilo da vida al cuerpo, pero la envidia corroe los huesos».

La Biblia contrasta la paciencia con la agresividad, y al corazón tranquilo con la envidia. La paciencia da discernimiento, mientras que el mal genio es evidencia de locura. Un corazón tranquilo le da vida al cuerpo, mientras que la envidia o la enfermedad corromperán o pudrirán tus huesos. ¿No es sorprendente que algunas formas de cáncer se traten con un trasplante de médula ósea? La salud de nuestra médula ósea es crucial. Los huesos son el sostén estructural del cuerpo. Son el marco por el cual nos mantenemos de pie y sin los cuales caemos.

La Biblia confirma que existe una relación real y siempre presente entre el corazón espiritual y la salud. Con esto no insinúo que quienes están enfermos tengan un problema espiritual subyacente. Vivimos en un mundo caído que está plagado de la maldición de la enfermedad y la dolencia. A lo que me refiero es a que la amargura, la falta de perdón, la ira no resuelta y otros problemas cardíacos afectan de forma directa a tu sistema inmunológico. En su libro *Make Anger Your Ally*, Neil Clark Warren informó que el resentimiento se conecta más a menudo con las enfermedades severas y la frustración le sigue de cerca en segundo lugar. Warren enumera una muestra de estas dolencias comunes provocadas por la ira sin resolver: dolores de cabeza, problemas estomacales, resfriados, colitis e hipertensión.

Otros estudios incluyen afecciones que van desde tipos de artritis, diversas dolencias respiratorias, enfermedades de la piel, problemas de cuello y espalda, incluso hasta el cáncer. La Biblia ya ha declarado durante siglos lo que ahora el ser humano está descubriendo que es verdad. Proverbios 3:5-8 es una riqueza de sabiduría acerca de cómo debemos vivir:

> Confía en el Señor de todo corazón, y no en tu propia inteligencia. Reconócelo en todos tus caminos, y él allanará tus sendas. No seas sabio en tu propia opinión; más bien, teme al Señor y huye del mal. Esto infundirá salud a tu cuerpo y fortalecerá tu ser.

Tenemos una promesa aquí: Si vivimos de acuerdo con el plan divino de salud de Dios, Él dice que infunde salud a nuestros cuerpos y fortaleza a nuestro ser.

Señor:
Conectaste mi corazón y mi salud a propósito. Por favor, ayúdame a vivir con un espíritu saludable, a fin de que pueda evitar consecuencias físicas innecesarias. Ayúdame a mantener el cuerpo y el alma fortalecidos con tu sabiduría.

Soy fuerte
CUANDO MANTENGO UN CORAZÓN ALEGRE Y SALUDABLE.

4

ACEPTA LA NATURALEZA DE SER MUJER

Sino que hablando la verdad en amor, crezcamos en todos los aspectos en aquel que es la cabeza, es decir, Cristo.

EFESIOS 4:15, LBLA

Como mujeres, nuestra propia naturaleza y diseño físico se configuran teniendo en cuenta el cuidado y la ternura. No nos hicieron con bordes duros, sino con curvas suaves. Nos crearon con una mayor capacidad de ternura y compasión que los hombres. Sentimos tanto el amor como el dolor más profundo dentro de nuestro ser. Somos más empáticas que los hombres, y podemos conmovernos por el dolor, las luchas y las pérdidas de los extraños. Cuando no se nos permite expresar estas emociones de una manera válida, corremos el riesgo de explotar hacia adentro o hacia afuera.

¿Qué pasa cuando explotamos? Dos de mis pasajes bíblicos favoritos nos dicen cómo se desarrolla en el contexto de un matrimonio. Esto me lo citaban a menudo en mis días de recién casada: «Más vale habitar en un rincón de la azotea que compartir el techo con mujer pendenciera» (Proverbios 25:24). O la otra versión menos atractiva aún: «Más vale habitar en el desierto que con mujer pendenciera y de mal genio» (Proverbios 21:19).

¡Ay! La vida en un rincón de la azotea significaría exponerse a los extremos de todos los elementos. La azotea no brinda protección contra la lluvia, la nieve, el viento ni el sol abrasador. Salomón nos decía que es mejor vivir en estas condiciones que refugiarse en una casa con una mujer pendenciera. Solía discutir con mi esposo, John, que en ese entonces usaban la azotea como un tipo de alternativa al portal, pero encontraba difícil de explicar el énfasis de este pasaje bíblico. Más vale vivir en el desierto o en la selva con serpientes y escorpiones que con una mujer enojada, gruñona y peleona. La guerra se vuelve en algo agotador... no solo para los demás, sino también para nosotras mismas.

Las mujeres se crearon para que estén sanas, y sean apasionadas, amorosas y compasivas. Cuando vamos en contra de nuestro diseño o propósito original de creación, lo cierto es que entablamos una guerra física contra nuestros cuerpos. Violamos el papel de dar vida, fortalecer y apoyar de nuestra vida. Las mujeres pueden cumplir este papel ya sea que estén casadas o solteras.

Cuando sintamos la tentación de reprimir nuestros pensamientos y emociones hasta el punto de la explosión, recordemos que esto no le hace bien a nadie. No nos libra del conflicto; solo trae como resultado un mal genio interno que nos hace daño a nosotras y a todos los que nos rodean. Digamos la verdad en amor, de manera que se pueda escuchar, y vivamos en armonía con la naturaleza sana, apasionada y amorosa que nos regaló Dios.

Señor:
Dame una visión precisa de mi naturaleza como mujer.
Enséñame a ser amable, pero fuerte, sirviéndote y usando
la voz que me diste para hablar la verdad en amor.

Soy fuerte

CUANDO ACEPTO Y CELEBRO MI NATURALEZA, HABLANDO LA VERDAD EN AMOR.

5

EN CALMA Y PODEROSA

La respuesta amable calma el enojo,
pero la agresiva echa leña al fuego.

PROVERBIOS 15:1

A menudo, puedo recordar el momento crucial de una conversación cuando pasó de buena a mala, o de mala a buena. A veces, podía escuchar al Espíritu Santo que me advertía: «Mantén la calma, baja la voz, responde con suavidad. No digas lo que quieres decir, sino escucha mi suave murmullo y di mis palabras en su lugar». En ocasiones, soy obediente y escucho... Otras veces trato de hacer un comentario más antes de obedecer y descubro lo costosa que es mi tontería.

He descubierto el secreto para que me escuchen. En realidad, es bastante sencillo: Si quieres que te escuchen, dilo de la forma en que te gustaría escucharlo. Mis hijos, mi esposo, mis empleados, mi perro, todos, en sí, escuchan más cuando digo las cosas como quiero escucharlas. Sé que prefiero que me hablen en un tono amable y respetuoso. Escucho mucho mejor cuando no me gritan. No se trata del nivel de volumen ni de la repetición de palabras lo que atrae la atención, el respeto y el compromiso de los demás. Es la importancia de lo que hablamos y el tono en que se pronuncia. Nadie toma en serio a una persona si monta un berrinche. Ah, quizá se salga con la suya por el momento, pero le costará más tarde. Tenemos rabietas y levantamos la voz por muchas razones. Aquí tienes algunas:

1. Tememos que no nos escuchen.
2. Gritar ha dado resultados (salirnos con la nuestra) en el pasado.
3. Queremos intimidar o controlar a los demás.
4. Es lo que vivimos en la niñez.
5. Todavía estamos enojadas por un problema sin resolver.
6. Es un mal hábito.

La mayoría de estas razones tienen su origen en el temor. Dios no nos ha dado un espíritu de temor, sino de poder, amor y de buen juicio (2 Timoteo 1:7, DHH). Gritaremos y nos dará un ataque cuando nos sintamos impotentes. Intentaremos intimidar y controlar a los demás cuando actuemos en beneficio propio. Volveremos a nuestro pasado cuando el perfecto amor aún no haya echado al temor. Reaccionaremos de forma exagerada cada vez que llevemos el peso de los problemas del ayer al hoy.

A medida que renovamos nuestra mente, se rompen los malos hábitos y se frustra la tiranía del miedo. Descubrí hace mucho tiempo que no importa cómo se presenten las cosas, no las controlo. Puedo controlarme a mí misma, pero Dios tiene el control de todo al final.

Aceptar esta verdad nos pone en el estado mental adecuado para comunicarnos de tal manera que nos permita que nos escuchen.

Señor:
Cuando luche y pelee por mantener el control, ayúdame a recordar que al menos puedo controlar mi lengua y mi tono de voz. Por tu gracia, hazme sensible a tu suave murmullo y permite que me guíe.

Soy fuerte

CUANDO HABLO DE UNA MANERA
CALMADA Y PODEROSA.

6

APASIONADA

[El pecado] te codicia, pero tú debes dominarlo.

GÉNESIS 4:7, LBLA

Con demasiada frecuencia, nuestra cultura limita la pasión a los confines de lo sexual, pero la pasión abarca un espectro mucho más amplio. Es difícil de definir porque incluye los dos extremos de la emoción humana: el amor y el odio. La pasión está estrechamente vinculada con la emoción, el entusiasmo, la excitación, el deseo, el cariño, el amor y el afecto. ¿Quién no querría más de esto? Por otro lado, también está asociada con palabras que pueden atarnos, como el enamoramiento, el deseo y la lujuria. Y luego, en el siguiente nivel, se asocia con palabras como arrebato, furia, ira, indignación, rabia, resentimiento y enojo.

Entre estos extremos de amor y odio, ¿cómo podemos vivir una vida apasionada sin quemarnos?

Podemos seguir el ejemplo de una de las primeras historias que se han contado sobre la pasión que salió mal: la historia de Caín y Abel en Génesis 4. Dios aceptó el sacrificio sincero de Abel, pero rechazó el sacrificio a medias de Caín. Y Caín se enfureció. Cuando Dios vio que Caín ardía en ira por su hermano: «El SEÑOR dijo a Caín: ¿Por qué estás enojado, y por qué se ha demudado tu semblante? Si haces bien, ¿no serás aceptado? Y si no haces bien, el pecado yace a la puerta y te codicia, pero tú debes dominarlo» (Génesis 4:6-7, LBLA).

Lo lamentable es que Caín no arregló las cosas con Dios. En lugar de dominar el pecado y controlar su ira, asesinó a su hermano.

La advertencia de Dios a Caín es también una advertencia para nosotras. Sí, es probable que no estemos a punto de asesinar, pero «si no hacemos lo bueno», de seguro que el pecado yace a nuestra puerta. Debemos controlar nuestras emociones y enfocarlas de manera constructiva en lugar de destructiva.

La verdad es que la pasión puede ser un indicador valioso, sin importar en qué extremo del espectro se encuentre. La pasión se muestra como un estado físico y emocional elevado de preparación para defender algo por lo que estamos... apasionadas. Tendemos a sentir pasión por lo que es importante para nosotras. A la mayoría de nosotras no nos molesta con facilidad lo trivial, a menos que se vincule con algo significativo para nosotras en una escala mayor. Entonces, cuando se despiertan nuestras pasiones, revelan lo que nos resulta importante. Podemos optar por canalizar esa energía hacia la vida en lugar de dejarla descender al reino del caos como lo hizo Caín. Incluso, en medio de los extremos emocionales, tenemos el poder de elección. Está dentro de nuestra capacidad de controlar nuestras pasiones y tomar decisiones que conduzcan a la vida.

Padre:
Enséñame a escuchar las pasiones en mi vida y a llevarlas
a ti para santificarlas. Por favor, alinea lo que es importante
para mí con lo que es importante para ti.

Soy fuerte

PORQUE PUEDO ELEGIR GOBERNAR MI ALMA MÁS QUE PERMITIR QUE MIS PASIONES REINEN POR COMPLETO.

LA ADORACIÓN ES MÁS QUE UNA CANCIÓN

Sean llenos del Espíritu Santo cantando salmos e himnos
y canciones espirituales entre ustedes, y haciendo
música al Señor en el corazón.

EFESIOS 5:18-19, NTV

La alabanza y la adoración son más que una disciplina espiritual; son una pasión, un placer y una clave para enamorarse de manera más profunda de Dios. Te acercas más a Dios escuchando y cantando canciones de amor a Él y sobre Él.

En el pasaje bíblico de hoy, encontramos una amonestación para ser llenas del Espíritu durante la alabanza y la adoración. Estamos llenas mientras cantamos en voz alta y hacemos música en nuestros corazones, pero estos versículos también presentan otra clave... nuestra comunicación acerca de Dios con los demás. La adoración es más que cantar. Se revela en nuestras conversaciones, pues es natural conversar sobre lo que desborda nuestro corazón. Cuando amas a alguien, hablas de esa persona. Es emocionante que nos amen y, por supuesto, desearás expresarles a los demás la belleza de esto.

Los amigos establecen lazos entre sí, y una pasión en común es como amigos parados alrededor de una fogata, todos disfrutando con libertad de su calidez y belleza. Este vínculo hace que nos edifiquemos los unos a los otros en la verdad. Por eso es que la adoración corporativa es muy poderosa; expresas tu amor por Dios mientras estás rodeada de amigos.

Los verdaderos amigos se elevan y desafían unos a otros para caminar de una manera agradable a nuestro Señor. Cuando tus amigos siguen a Jesús, todos se dirigen en la misma dirección. Rodéate de quienes sean uno contigo en espíritu y propósito. No siempre estarás de acuerdo en todo. Sé enseñable y protectora de tu vínculo.

Sé llena del Espíritu y adora... en tu conversación, en la canción y en la comunidad de creyentes.

Amado Señor:
Permite que las palabras y los cantos de alabanza fluyan
de mi vida. Abrúmame con tu amor hasta que no pueda
callarme sobre lo maravilloso que es ser amada por ti.

Soy fuerte
PORQUE ME FORTALECE UN ESTILO DE VIDA DE ADORACIÓN.

8

AUTORIDAD
ESPIRITUAL

Pues Dios no nos ha dado un espíritu de timidez,
sino de poder, de amor y de dominio propio.

2 TIMOTEO 1:7

*E*l Espíritu Santo nos imparte poder, amor y dominio propio. La combinación de estas tres virtudes no puede evitar que se produzcan mujeres fuertes. Estoy convencida de que los dones que Dios ha puesto en nuestras vidas en particular no florecerán sin estos dones del Espíritu en funcionamiento. Otra versión de este versículo dice: «Pues Dios no nos ha dado un espíritu de temor, sino un espíritu de poder, de amor y de buen juicio» (2 Timoteo 1:7, DHH).

No sé de nada que apague nuestro poder, amor y buen juicio más que un espíritu de temor. Una razón es que el temor nos atormenta con preguntas que socavan esos tres atributos. Primero, hablemos sobre el aspecto del poder. Otra forma de decir esto sería la autoridad espiritual. Tenemos poco o ningún poder o autoridad en nosotras mismas. Adán cedió el dominio que Dios les otorgó a él y a Eva en el jardín. Mediante la obediencia, Jesús recuperó lo que se perdió por la desobediencia de Adán. «Jesús se acercó y dijo a sus discípulos: "Se me ha dado toda autoridad en el cielo y en la tierra"» (Mateo 28:18, NTV).

Nuestra autoridad y poder se hacen realidad en Cristo. ¿Por qué tendríamos temor si hemos escondido nuestras vidas en Él?

En 2 Timoteo, Pablo anima a Timoteo, un joven ministro y discípulo de Jesús, a cultivar el don de la fe en su vida. Sabemos esto porque en el versículo anterior, Pablo le recuerda: «Por eso te recomiendo que avives la llama del don de Dios que recibiste cuando te impuse las manos» (2 Timoteo 1:6).

Ya sea que alguien te impusiera las manos o no, a cada una de nosotras se nos ha dado una medida de fe que es nuestra para multiplicar al cuidarla. El tema de la fe se menciona casi trescientas veces en el Nuevo Testamento. Una de las declaraciones más fascinantes sobre la fe se encuentra en el libro de Hebreos: «En realidad, sin fe es imposible agradar a Dios, ya que cualquiera que se acerca a Dios tiene que creer que él existe y que recompensa a quienes lo buscan» (11:6).

La mayoría de nosotras creemos que Dios existe. Donde nos tropezamos es en creer que Él recompensará a quienes lo busquen de manera ferviente. El temor atacará a la más fuerte de nosotras con sus acusaciones. *No estás haciendo lo suficiente. No eres lo suficiente poderosa. No eres lo suficiente amorosa. No eres suficiente.* Gracias a Jesús respondemos que en Cristo somos más que suficientes.

Padre celestial:
Gracias por darme tu Espíritu Santo que me recuerda que en Cristo
puedo caminar con amor, autoridad, paz y buen juicio.

Soy fuerte

**PORQUE EN CRISTO SE ME HA DADO PODER,
AMOR Y BUEN JUICIO.**

9

ORA EN EL ESPÍRITU

Oren en el Espíritu en todo momento, con peticiones
y ruegos. Manténganse alerta y perseveren
en oración por todos los santos.

EFESIOS 6:18

La oración y la obediencia son los recursos más poderosos en la guerra espiritual y estamos en una época de alerta máxima. Nota que Pablo sugiere que oremos en el Espíritu no solo a veces, sino en todo momento. ¿Cómo oramos según el Espíritu? Una forma es orando la Palabra de Dios. Cuando leas las Escrituras, encontrarás que hay tantas oraciones diferentes como necesidades. El «Padrenuestro» es una buena oración diaria, pero a medida que avanzamos en el día descubriremos todo tipo de cosas por las cuales orar. Veremos personas necesitadas, naciones en crisis, líderes que necesitan sabiduría y perspectiva. Deberíamos orar por nuestros amigos, nuestras familias y nuestros enemigos.

Otra forma de orar en el Espíritu es escuchar la guía del Espíritu Santo mientras oras. Habrá momentos en los que sentirás que algo anda mal o que alguien está necesitado. Ora por ellos. Muchas veces, al comunicarme más tarde, descubriré que estaban pasando por un momento difícil.

La oración puede ser formal e informal. Puedes orar de pie, sentada, acostada o de rodillas. La oración puede ser tan fuerte como un grito o una meditación silenciosa de tu corazón. La oración debe ser tan natural como la respiración. Se nos anima a estar «siempre gozosos. Oren sin cesar. Den gracias a Dios en todo, porque ésta es su voluntad para ustedes en Cristo Jesús» (1 Tesalonicenses 5:16-18, RVC).

San Agustín lo dijo de esta manera: «Ora como si todo dependiera de Dios y trabaja como si todo dependiera de ti».

Somos tan poderosas como nuestras oraciones. Las mujeres fuertes tienen cuidado de mantener fuerte su conexión con la oración. Me gusta orar mientras escucho música de adoración. También me gusta llevar un diario de mis oraciones; a lo largo de las décadas se han convertido en testimonios de la fidelidad de Dios.

Nuestro Padre celestial conocía las batallas que enfrentaríamos y nos proveyó de todo lo que necesitaríamos no solo para resistir, sino para vencer. El enemigo continuará luchando contra nosotras, pero no ganará.

Padre celestial:
Enséñame a orar hasta que sea tan natural como hablar.
Gracias por la guía de tu Espíritu Santo.

Soy fuerte
CUANDO MIS ORACIONES SON FUERTES.

Fuerte en la pureza

I

PURA

---

*A aquel que es poderoso para guardaros sin caída y para
presentaros sin mancha en presencia de su gloria con gran
alegría, al único Dios nuestro Salvador, por medio de Jesucristo
nuestro Señor, sea gloria, majestad, dominio y autoridad, antes
de todo tiempo, y ahora y por todos los siglos. Amén.*

JUDAS 24-25, LBLA

No somos capaces de mantenernos puras, pero Él sí. A primera
vista, la pureza puede parecer lo mismo que la santidad, pero
no lo es. La santidad significa ser apartado o consagrado, mientras
que la pureza es la manera en que nos comportamos debido a la con-
sagración. La pureza es el resultado de la santidad. Aprendemos a
conducirnos con pureza al construir un fundamento edificado sobre
la Palabra viva de Dios.

Dios quiere ser nuestra fuente de vida. Si eres valiente de verdad,
invita al Espíritu Santo a examinar tu corazón y tus motivos a la luz de
la Palabra cortante y penetrante de Dios. Hebreos 4:12-13 (RVC) dice:

> La palabra de Dios es viva y eficaz, y más cortante que las espadas
> de dos filos, pues penetra hasta partir el alma y el espíritu, las co-
> yunturas y los tuétanos, y discierne los pensamientos y las inten-
> ciones del corazón. Nada de lo que Dios creó puede esconderse de
> él, sino que todas las cosas quedan al desnudo y descubiertas a los
> ojos de aquel a quien tenemos que rendir cuentas.

Créeme, esto no es para las débiles de corazón. La Palabra de Dios
no solo es letras en papel... está viva. Si quieres la verdadera fuerza

que proviene de aceptar la verdad, te reto a que creas en su Palabra y la hagas tuya. Su Palabra viva anhela danzar en tu corazón y susurrarte en la noche. Es tan cortante que puede separar el alma del espíritu y, en el proceso, revelar pensamientos y actitudes ocultos.

Recuerda, nada está escondido de Dios. Él lo ve todo, aunque nosotras no podamos verlo. A menudo nuestros corazones nos engañan, pero si pedimos la verdad, Dios nos dará de su discernimiento a través de su Palabra. No queremos el consejo del hombre... Queremos la sabiduría y la visión de Dios. El consejo del hombre siempre está bajo la influencia de la cultura y de los estándares de esta época. Es una tontería que se reajuste más o menos cada década, reflejando el ambiente moral de la sociedad. Sin embargo, la Palabra de Dios permanece para siempre, y es la norma a la que rendiremos cuentas.

En la Biblia te enfrentarás con verdades y promesas que en un principio pueden parecer imposibles o poco realistas... pero no lo son. A medida que asimilemos la Palabra, aprenderemos que la pureza y la santidad son posibles. Por esa razón el llamado de Dios a la santidad no se trata de reglas; se trata de ser suyo.

Padre celestial:
Invito a tu Palabra para que sea viva y eficaz en mi vida.
Tú eres el que me hace santa, así que sepárame de las
mentiras que dicen que la pureza es imposible. Quiero vivir
de tal manera que los demás sepan que soy tuya.

Soy fuerte

PORQUE LA PALABRA DE DIOS ES VIVA Y EFICAZ EN MI VIDA.

2

COMPROMETIDA

El celo que siento por ustedes proviene de Dios, pues los
tengo prometidos a un solo esposo, que es Cristo, para
presentárselos como una virgen pura. Pero me temo que,
así como la serpiente con su astucia engañó a Eva, los
pensamientos de ustedes sean desviados de un compromiso
puro y sincero con Cristo.

2 CORINTIOS 11:2-3

*M*e apasiona ver que el poder de la pureza reina en la vida de
cada mujer, ya sea soltera o casada, joven o mayor. Cuando hablamos de la pureza en la iglesia, a menudo nos referimos a elecciones y comportamientos sexuales, pero la pureza como se menciona en el pasaje de hoy se refiere a nuestro interno «compromiso puro y sincero con Cristo». La pureza comienza en nuestras mentes. Y la lucha por la pureza incluye negarnos a que nos desvíe el engañador. Esto significa buscar la verdad en la Palabra e invitar al poder del Espíritu Santo en el corazón a fin de separar la verdad de la falsedad.

Como señala Pablo en el pasaje de hoy, podemos desviarnos de nuestro compromiso puro con Cristo. Podemos elegir las palabras de quién vamos a escuchar: las palabras de nuestro Salvador o las palabras del tentador que busca nuestra vida. La Palabra de Dios es la máxima autoridad. Si se lo pides a Dios, Él tomará la espada del Espíritu y cortará toda falsedad de tu vida.

Si se nos presiona lo suficiente en cualquier situación, a la larga fracasaremos en cualquier batalla que aún no hayamos ganado en nuestro interior. Empecemos con la pureza de pensamiento. A medida que llevemos cautivo cada pensamiento y lo sometamos a Cristo (2 Corintios 10:5), veremos fluir la pureza en cada esfera de la vida.

Amado Padre celestial:
Tú eres la esencia misma de la pureza y la santidad. Soy tuya
y me comprometo a aceptar tu Palabra, permitiéndole honor,
preeminencia y autoridad en cada aspecto de mi vida. Invito a la
espada de tu Palabra a que corte cada enredo poco saludable
e impío, a fin de purificarme de adentro hacia afuera.

Soy fuerte

PORQUE BUSCO LA PUREZA COMO UN TESORO, SACANDO FUERZA DE LAS PALABRAS NO ADULTERADAS DE CRISTO.

3

EL PAQUETE

La gente se fija en las apariencias, pero yo me fijo en el corazón.

1 SAMUEL 16:7

Puedes leer el versículo de hoy y argumentar que la apariencia no debería importar, porque Dios mira el corazón. Bueno, menos mal que Él mira nuestros corazones, pero todavía vivimos en la tierra, y todos aquí miran el exterior y se emocionan con lo que ven.

Se nos exhorta a tener cuidado con la forma en que nos empaquetamos. Se nos advirtió que la vanidad es una esperanza fugaz y, por lo tanto, es una tontería confiar en nuestra apariencia. Aun así, solo porque no confiemos en ella no significa que debamos descuidarla.

El hecho es que siempre nos estamos comunicando, ya sea que tengamos la intención o no. Nuestros mensajes saldrán a través de uno de los tres canales: lo que decimos (nuestras palabras y tono), lo que hacemos (nuestros modales y acciones), y cómo nos vemos (nuestra apariencia visual o presentación). Y las personas a menudo permiten que influya más lo que ven que lo que escuchan.

Cuando entendemos esto, podemos utilizarlo en nuestro beneficio y comunicar nuestras intenciones de manera eficiente. Estoy segura de que has escuchado de una forma u otra el viejo adagio: «Nunca tienes una segunda oportunidad para causar una buena primera impresión». Bien, puede ser viejo, pero de seguro que nunca fue más cierto. Jamás ha habido tantas opciones de expresión, ¿pero a qué nos referimos con exactitud?

La forma en que te vistes y te presentas no solo envía un mensaje de inmediato a los demás, sino que puede implicar más de lo que pretendías. Puede traicionar lo que de veras piensas de ti misma. O en lo que confías. O de dónde crees que proviene tu influencia. O, por supuesto, a quién perteneces.

No estoy dispuesta a darte consejos específicos de moda, ya que solo tú puedes responder: ¿Qué comunicas en la actualidad? ¿Qué mensaje envías? ¿Es un reflejo exacto de quién eres, o solo estás posando y publicando?

Digamos que tu vestido exterior y tu apariencia reflejan con precisión quién eres. Puedes decir: «Soy una profesional y mi vestido es apropiado para mi profesión». O podrías ser una estudiante y sentir que tu estilo de vestir refleja eso muy bien. Aun así, profundicemos un poco más. ¿Cómo afecta a los demás tu forma de vestir? ¿La gente te ve a ti o solo lo que llevas puesto? Cuando otros te miran, ¿qué ven?

Si bien nunca debemos confiar en nuestra apariencia, podemos usar esta forma de comunicación de una manera sabia y piadosa, tal como lo hacemos con nuestras palabras y acciones.

Señor:
Muéstrame cómo ser sabia en todas las formas de
comunicación, incluyendo la manera en que me presento.
Revélame lo que de veras digo con mi apariencia,
y permite que todo sea para tu gloria.

Soy fuerte

PORQUE SOY TODO EL PAQUETE, POR DENTRO Y POR FUERA, DEDICADO A DIOS.

4

ENTRETEJIDA DE MANERA MARAVILLOSA

«*Te conocía aun antes de haberte formado en el vientre de tu madre*».

JEREMÍAS 1:5, NTV

Dios está íntimamente involucrado en nuestra formación. Nos entretejió en el vientre mucho antes de que nuestra madre pudiera sentir nuestra presencia. Antes de que pudiéramos tener la capacidad de conocernos a nosotras mismas... Él nos conocía. Mientras crecíamos en secreto, Él planeó los días de nuestra vida y extendió ante nosotras el camino de nuestro destino. Nunca fuiste un simple grupo de células; siempre estuviste viva en Él.

Cada niño que nace es un regalo de esperanza, confiado a nuestro cuidado. Si alguna vez has presenciado el milagro de un nacimiento humano, sabes que cada bebé está envuelto en su maravilloso potencial.

Recuerdo que antes de saber que estaba embarazada de mi tercer hijo sentí que su vida se aceleraba en mí. John ministraba en Rochester, Nueva York, y durante el servicio de adoración me encontré débil de forma poco común. Sentí que me iba a desmayar, así que me senté. Mientras tomaba asiento, escuché al Espíritu Santo susurrar: «Tú llevas vida... Dentro de ti crece un hijo». En ese mismo momento me sentí abrumada por la presencia de Dios. Ese es solo un ejemplo de lo íntimamente familiarizado que está Dios con los bebés que crecen en el vientre.

No obstante, ¿qué tal si nunca te hubieran dicho esto? ¿Qué pasaría si nadie te dijera que te entretejieron de manera maravillosa y que tu Creador te conoce? ¿Qué pasa si en su lugar escuchaste cosas que implicaban que fuiste un accidente o un error? Si no nos damos cuenta de la maravilla involucrada en nuestra propia creación, nos será difícil reconocer la maravilla en los demás. Si nos criaron para sentirnos como una molestia, sería sencillo ver a un niño como una intrusión.

Demasiadas mujeres se sienten presionadas para equilibrarlo todo (carreras, maternidad, actividades adicionales), pues nuestra cultura del capitalismo ha despojado a la maternidad de su valor. En muchos sentidos, la vida es una prueba cronometrada. Siempre puedes tener una carrera y ser una madre presente. Mis hijos me han traído más alegrías y oportunidades de crecimiento que cualquier logro profesional. Si quieres ser madre, no te avergüences. Se requerirá más de ti de lo que puedas imaginar, pero al mismo tiempo, te devolverá más de lo que podrías soñar alguna vez.

Padre celestial:
Tú eres el dador de la vida. Creo que me entretejiste
de forma maravillosa y dispusiste mis días con una
sonrisa. Les has encomendado a las madres una tarea
noble, pues los hijos son un regalo tuyo.

Soy fuerte

PORQUE ME CREARON PARA ÉL Y POR ÉL.

5

LAZOS DEL ALMA

No piensen que he venido para traer paz a la tierra;
no he venido para traer paz, sino espada.

MATEO 10:34, RVC

Jesús quiere liberarnos a cada una de nosotras de todo lo que nos aleja de Él. La guerra espiritual implica enfrentar cualquier ídolo u obstáculo que se interponga en el camino de nuestra relación con Él.

Creo que podemos afrontar los aspectos del cautiverio. Cuando Jesús veía cadenas, las rompía; cuando Jesús veía demonios, los echaba; cuando Jesús veía a personas afligidas y enfermas, las sanaba; cuando Jesús veía a las personas atadas por el pecado, las perdonaba, y después les daba el poder para marcharse y no pecar más. Amo a Jesús porque es muy real, relevante y práctico.

Me di cuenta de que estaba sufriendo la esclavitud de unos lazos del alma malsanos que necesitaban cortarse. ¿Qué es un lazo del alma? En términos sencillos, es cuando nuestras almas se unen a otra. Ahora bien, esto puede ser tanto algo bueno como algo malo. El alma de una madre está unida a la de su bebé. Sin embargo, a medida que crece y se convierte en hombre, su relación con su madre debe cambiar de modo que pueda entregarle el corazón a su esposa. El alma de un esposo debe estar unida a la de su esposa, a fin de que los dos puedan convertirse en una sola carne. Estos son lazos buenos y saludables que unen y entretejen nuestros corazones en amor. Los lazos saludables como estos también se pueden forjar en amistades, como la de David y Jonatán. Los tuyos pueden ser con una hermana o una amiga cercana. Hay un conocimiento tácito entre ustedes.

En cambio, cuando se crean lazos del alma poco saludables, hay control y temor en lugar de unión y compañerismo. Estos pueden formarse a través del sexo ilícito, dependencias malsanas, o relaciones disfuncionales o abusivas. Los lazos del alma poco saludables nos dejan quebrantadas. A menudo tratamos de desatarlos, pero he aprendido que es mejor permitir que el Señor pase su espada y corte lo que nos ata. Solo Dios puede restaurar nuestro quebrantamiento a la integridad.

Tenemos un Sumo Sacerdote fiel y compasivo que te conoce de manera íntima. Está dispuesto a usar su espada para cortar cualquier cosa que te aleje de Él. Su deseo es que se corten todos los lazos del alma poco saludables, a fin de que solo queden los saludables. Él enviará su Palabra para sanar y restaurar tu alma. Dedica un tiempo a la oración para permitir que Dios logre la purificación de tu vida. Pídele al Espíritu Santo que te revele cualquier lazo del alma no saludable y, luego, invita a su Palabra para que lo corte. El que promete es fiel.

Señor:
Por favor, revela los lazos del alma no saludables en mi vida y rómpelos con el poder de tu Espíritu Santo. Sáname y restaura mi alma. Muéstrame cómo cultivar los buenos lazos en mi vida y mantenerlos saludables.

Soy fuerte
PORQUE HE ATADO MI ALMA A LA VERDAD.

6

ARREPENTIMIENTO SANADOR

Tú creaste mis entrañas; me formaste en el vientre de mi madre.
¡Te alabo porque soy una creación admirable! ¡Tus obras son
maravillosas, y esto lo sé muy bien! Mis huesos no te fueron
desconocidos cuando en lo más recóndito era yo formado, cuando en lo
más profundo de la tierra era yo entretejido. Tus ojos vieron mi cuerpo
en gestación: todo estaba ya escrito en tu libro; todos mis días se estaban
diseñando, aunque no existía uno solo de ellos. ¡Cuán preciosos, oh
Dios, me son tus pensamientos! ¡Cuán inmensa es la suma de ellos!

SALMO 139:13-17

Aquí David plasma una detallada descripción poética de cada vida que bendice el vientre. Sin embargo, ¿qué pasa si experimentaste el dolor del aborto? Si es así, necesito hablarte de sanidad. Puede que fueras una hija asustada que creía una mentira, o que tal vez perdieras a un nieto. Cualquiera que sea la circunstancia y quienquiera que seas, creo que Dios el Padre te dice: Estás perdonada, y una vida te espera en el otro lado.

Los abortos rara vez se lloran de forma abierta. La belleza de esas pequeñas vidas se despeja de manera limpia y eficiente. Solo después es que el manto de la culpa y la vergüenza cubren a la madre, al padre y a cualquier otra persona involucrada.

Vivimos en una cultura que es abrumadoramente egoísta. Nunca puede autorizarte a vivir en piedad, porque se rige por las demandas del ego. También afrontamos el desafío de las iglesias que son duras o juzgan a las embarazadas solteras. Hace poco me senté en un panel donde dos de las cinco cristianas presentes tuvieron abortos porque no podían hacerle frente al juicio y a la vergüenza de la iglesia. Las mujeres que procuran los abortos escuchan una narrativa muy diferente de la sociedad:

«Eres joven y hermosa… tienes toda una vida por delante».
«Algún día serás una madre maravillosa, pero este no es el momento».
«Puedes tener hijos cuando estés lista».
«Este bebé no es deseado, y cada hijo merece ser deseado».

He escuchado de mujeres jóvenes y mayores que escucharon este tipo de consejos y vivieron para lamentarlo. Entraron en la clínica como dos personas y salieron rotas en pedazos. ¿No deberíamos nosotras, que hemos conocido el amor y la misericordia de Jesús, ser más solidarias que las clínicas de aborto? La posición provida no es una cuestión de votación; es un estilo de vida que apoya las adopciones y las elecciones valientes.

Sin importar cuán doloroso sea el arrepentimiento, nunca podemos regresar y cambiar lo que sucedió. Nuestra esperanza está en mirar hacia el futuro. Debes aceptar la verdad y el perdón de Dios. Si tuviste un aborto, perdónate y deja que comience la sanidad.

Padre celestial:
Muéstrame cómo ser un instrumento de sanidad más que de juicio.
Quiero ver la belleza y el valor de la vida como lo haces tú.

Soy fuerte

PORQUE ELIJO LA VIDA Y LA ESPERANZA POR ENCIMA DEL ARREPENTIMIENTO Y DE LA VERGÜENZA.

7

HONRA EL MATRIMONIO

Sea el matrimonio honroso en todos, y el lecho matrimonial sin mancilla, porque a los inmorales y a los adúlteros los juzgará Dios.

HEBREOS 13:4, LBLA

Para abordar este versículo, primero debemos tener una mejor comprensión de la palabra honrar. Honramos algo o alguien cuando le añadimos un mayor peso o valor a lo que es o a quién es. Por ejemplo, honro a mi esposo cuando hablo con respeto y trabajo a su favor en lugar de hacerlo en su contra. Por otro lado, cuando deshonras a alguien o algo, eres descuidada e imprudente, ya que no lo valoras. En los matrimonios, los esposos pueden deshonrar a sus esposas, así como las esposas pueden deshonrar a sus esposos, al no entender este principio de la honra. El versículo en Hebreos habla de manera específica acerca de honrar el «lecho matrimonial» o lugar de intimidad.

Honramos nuestro matrimonio antes de la boda manteniéndonos puras. El sexo fuera del matrimonio deshonra el pacto matrimonial, las personas involucradas en el acto y a Dios. Por el contrario, el sexo dentro del pacto del matrimonio honra a Dios, a los individuos y a su matrimonio. Otra forma de honrar nuestro matrimonio es al no permitir nunca que otras personas o cosas entren en nuestros lugares de intimidad. Esto significa que no nos involucramos en lo que le resta valor a la belleza de la unión sexual exclusiva. Algunos de estos detractores son la pornografía, la masturbación, la perversión, la prostitución o la impureza.

Debido a que no viví estas verdades antes de casarme, tuve que enfrentarme a muchos lugares oscuros una vez que estuve casada. Debí ser capaz de entregarme con entera libertad a mi esposo, pero me encontré atada a las elecciones de mi pasado.

Nos crearon para unirnos sexualmente con una sola persona, pues la intimidad sexual está reservada para la unión de dos personas que se convierten en una a través del pacto del matrimonio. La intimidad debe ser exclusiva para que sea íntima. Si elegimos tener sexo con muchos, se degrada lo que es especial en una.

Creo que esta es una de las razones por las que el adulterio en sus múltiples formas se desenfrena en nuestra cultura. Debido a que no entendemos el concepto de pacto, la gente dice: «El matrimonio solo es un pedazo de papel». El matrimonio no solo son dos personas convirtiéndose en una; es Dios haciendo una de las dos personas. Si no entendemos que el matrimonio incluye a tres, no a una, todo se convierte en... papel.

Honrar la Palabra de Dios le aporta fortaleza, pacto e intimidad al matrimonio. Dios está en el proceso de restaurar lo que se rompió y sanar lo que se deshonró.

Padre celestial:
Enséñame a honrar el matrimonio. Espíritu Santo, revélame cualquier aspecto de contaminación y deshonra cuando se trata de mi matrimonio o mi visión del matrimonio. (Esto se puede orar tanto si eres soltera como casada). Quiero honrar tu pacto de intimidad en mi vida.

Soy fuerte

CUANDO GUARDO LA INTIMIDAD Y RECHAZO LO QUE VIOLA EL PACTO MATRIMONIAL.

8

PROTEGIDA

El Señor es mi roca, mi amparo, mi libertador.
SALMO 18:2

*E*staba sobresaltada. Nuestro pastor acababa de pedirme que hablara con un grupo de chicas sobre la pureza sexual, y no tenía idea de lo que les iba a decir. No solo no tenía idea, sino que estaba aterrada en gran medida. ¿Qué me pasaba? Durante años había viajado por todo el mundo hablando delante de grandes grupos de mujeres de todas las edades. ¿Por qué les tenía miedo a las chicas de nuestro grupo juvenil del instituto local? Respiré hondo. Solo necesitaba controlarme. Después de todo, yo era la esposa de un expastor de jóvenes. Esos dos años los sobreviví más o menos ilesa. Entonces, me di cuenta de que no era el grupo de edad lo que me molestaba... era el tema. Sabía que me preguntarían qué podían y qué no podían hacer en sus relaciones con los chicos.

¿Qué le iba a decir a un grupo de chicas del instituto acerca de los «límites»? Ni siquiera tenía una hija y casi no tenía tiempo para prepararme.

Me tiré al suelo y oré. *Padre, necesito de veras una respuesta para estas chicas. Quiero impartir tu sabiduría, no mi opinión ni la de otra persona. Además, necesito saberlo pronto.*

Esperé. Nada. Me levanté del piso y me dirigí a la ducha. Mañana era el día D. Mientras me duchaba, mi mente divagó, hasta que escuché al Espíritu Santo hablar y enfocar mi dirección: «Estás buscando reglas para restringir su comportamiento. Las reglas no lo protegerán. El poder que necesitan debe nacer de una relación.

No les digas lo que "no pueden" hacer; diles lo que "pueden hacer". ¡Diles que pueden llegar tan lejos con sus novios como se sientan cómodas frente a sus padres!».

Ahí estaba mi respuesta. Los padres debían ser los protectores de la virtud de sus hijas. Tal vez ese no sea tu caso. Quizá no tengas un padre terrenal que te proteja. La buena noticia es que tienes uno celestial. Él nunca querría verte usada ni violada. A lo mejor ya llegaste demasiado lejos. Sin importar tu pasado, Él vela por tu futuro. Esta respuesta no solo se ajusta a las adolescentes; es para cada hija que encuentra difícil ser pura en una cultura impura.

Las reglas no son las que cambian nuestros corazones. Respondemos a un orden superior. Respondemos al amor. Se trata de una relación con nuestro Padre celestial. En lugar de limitaciones, moralidad y un código de ética tallado en piedra fría, tenemos verdades vivas escritas en nuestros corazones. Cuando convertimos nuestra fe en una lista de «qué hacer y qué no hacer», perdemos esa relación con Aquel que quiere lo mejor para nosotras.

Padre celestial:
Permite que mi pureza provenga de mi relación contigo.
Sin importar mi pasado, te nombro mi protector y te invito
a los espacios más íntimos de mi vida.

Soy fuerte

PORQUE TENGO EL PODER DE LA RELACIÓN CON EL PADRE, EN LUGAR DE LAS REGLAS.

9

UNA NOVIA

Como un novio que se regocija por su novia,
así tu Dios se regocijará por ti.

ISAÍAS 62:5

Me encanta que Dios nos compare con su novia. Hace poco, dos de mis hijos se casaron. Observé desde la primera fila mientras ambos lloraban cuando veían que se acercaban sus novias, lo cual, por supuesto, me hizo llorar. Las novias estaban radiantes en blanco y adornadas a la perfección. Me gustaría pensar que así es que nos ve Jesús. En Apocalipsis 19:7 leemos: «Su novia se ha preparado».

¿Cómo hacemos esto? A fin de explorar la respuesta, profundicemos un poco más. ¿Cómo se prepara una novia para su novio? Es más que un hermoso vestido, cabello y maquillaje; es una preparación que tiene lugar en el corazón. A continuación, te presento algo de lo que pienso:

- Una novia anhela complacer a su novio en todos los sentidos.
- Una novia desea ser pura y apasionada en todo lo que hace.
- Una novia anhela ser entendida en una profundidad que no comunican sus palabras.
- Una novia necesita sentirse segura cuando se hace vulnerable.
- Una novia ama la libertad de expresarse sin miedo.
- Una novia se deleita con sorpresas y regalos inesperados.
- A una novia le encanta contarle secretos a su novio.
- A una novia le encanta que su amado la persiga y perseguirlo a él a cambio.

- A la novia le encanta conocer la alegría de pertenecer.
- Una novia desea que le cuiden, protejan, dirijan y hasta la corrijan con suavidad.
- Una novia se consume de amor por su esposo.

Creo que estos deseos y más están alojados en el corazón de cada hija de Dios. Podemos atrevernos a permitir que estos deseos conmuevan nuestros corazones, porque su deseo más profundo es amarnos en todo para lo que Él nos creó. Jesús, nuestro novio, suplica: «Déjame amarte».

Nadie más puede amarnos de esta manera. Esos anhelos son tan profundos que ningún hombre terrenal puede satisfacerlos todos. El amor terrenal puede escaparse y decepcionarnos, pues anhelamos otro. Tu Príncipe celestial nunca te decepcionará ni te hará daño. Él forjó tus deseos más profundos y siempre ha sido lo que anhela tu corazón.

Él ha proporcionado todo lo que necesitas. ¿Por qué no te envuelves en su justicia? Adórnate con su adoración. Deléitate en su abrazo y deja que tu corazón dance ante Él.

Amado Padre celestial:
Ámame en todo para lo que me creaste. Como una novia,
me prepararé para ti. Ponme como un sello en tu corazón,
y mientras camino hacia todo lo que tienes para mí,
déjame sentir tu sonrisa.

Soy fuerte
PORQUE MI NOVIO SE REGOCIJA POR MÍ.

Fuerte en la verdad

1

SABIA DE PALABRAS

Panal de miel son las palabras amables:
endulzan la vida y dan salud al cuerpo.

PROVERBIOS 16:24

El apóstol Juan le escribió a su amigo Gayo: «Querido hermano, oro para que te vaya bien en todos tus asuntos y goces de buena salud, así como prosperas espiritualmente» (3 Juan 1:2).

Juan debe haber sabido que nuestra salud se ve afectada por el bienestar de nuestra alma. No hay forma posible de separar las dos. Están íntimamente entrelazadas. Aunque las palabras no causan daño físico, la Biblia las compara con un arma letal y un bálsamo curativo: «Hay gente cuyas palabras son puñaladas, pero la lengua de los sabios sana las heridas» (Proverbios 12:18, RVC).

Las palabras hirientes y airadas actúan sobre nosotras como dolorosas puñaladas. Una golpea nuestro hombro, otra roza nuestro estómago y una tercera deja su marca en la parte superior del brazo, y nuestro asaltante huye después. Estamos aturdidas por el asalto y la sangre mancha nuestras ropas. Sintiéndonos débiles, cerramos los ojos por un momento, preguntándonos cómo las palabras podrían hacer tanto daño.

Entonces, escuchamos otra voz. Es suave y amable. Sentimos su calor cuando una niebla dorada de luz se apodera de la oscuridad. Las palabras de vida y sanidad cancelan las mismas palabras que nos hirieron. *Te amo. Estoy contigo. Tú eres mía.* Su afecto apacible calma el dolor ardiente. Cada palabra agradable actúa como un restaurador.

Este es el poder de las palabras en nuestras almas. Las palabras pueden herir y las palabras pueden sanar. Con este conocimiento, usemos nuestras palabras para liberar y sanar a otros en lugar de apuñalarlos y herirlos. En lugar de ser descuidadas con nuestras palabras, seamos cuidadosas, y elijamos ser sabias con nuestras palabras. Al controlar lo que decimos, respetamos el poder de las palabras.

Las palabras simples de aliento y compasión pueden marcar la diferencia para alguien. Tenemos dentro de nosotras el poder de una medicina que da vida cuando hablamos de la Palabra de Dios. Él es el único sanador, así que no es una sorpresa que sus palabras sean sanadoras. Cuesta muy poco animar a otros y los beneficia de más maneras de las que podamos saber.

La decisión es tuya. ¿Hablarás para hacer daño o para dar salud hoy?

Dios:
Enséñame el poder de las palabras y ayúdame a usar
mis palabras para traer sanidad y aliento a quienes
pongas en mi camino.

Soy fuerte

CUANDO ELIJO USAR MIS PALABRAS PARA TRAER SANIDAD, SABIDURÍA Y VIDA.

2

ÍNTEGRA

Instrúyeme, Señor, en tu camino para conducirme con fidelidad.
Dame integridad de corazón para temer tu nombre.

SALMO 86:11

*H*ace muchos años, cuando John y yo visitamos Israel, todavía recuerdo lo que nuestro guía nos contó sobre los romanos. Afirmó que eran conquistadores algo benévolos, e incluso permitían que el pueblo judío mantuviera sus propias creencias religiosas, siempre y cuando asumieran la cultura romana. Querían que se vieran, vivieran y actuaran como romanos. Las tácticas de invasión no han cambiado mucho desde entonces.

El consejo actual nos advierte: «Puedes tener tu religión, siempre que respaldes también nuestro sistema de creencias. No seas tonta, no hay una sola verdad; hay muchas. ¡Puedes creer lo que quieras si actúas como nosotros!».

No obstante, desde luego, esto no dará resultado para nosotras. Dios nunca nos llamó a ser una con nuestra cultura. Somos una en Él. Esto significa que creemos en Jesús cuando dice: «Yo soy el camino, y la verdad, y la vida; nadie viene al Padre sino por mí» (Juan 14:6, lbla).

Seguimos a nuestro Señor en lugar de cualquier verdad que sea la tendencia actual. Su verdad nos inspira a dejar atrás nuestros caminos y a elevarnos a la perspectiva de Dios. La forma de pensar de Dios es diferente por completo a la forma en que procesamos las cosas. Las palabras vacías de compromiso nos animan a seguir siendo las mismas, poniendo excusas por nuestro comportamiento. Este mundo no es nuestro hogar; solo estamos de paso, lo que significa que ya no nos conformamos con nuestra cultura, sino que nos transformamos debido a nuestra relación con nuestro Dios Santo.

Encontramos nuestro consejo en la Palabra de Dios más que en el ingenio y la sabiduría de este mundo actual y hastiado. Como seguidoras de Cristo, tenemos el llamado a animarnos unas a otras. Esto significa que nos damos valor mutuo al hablar las promesas de Dios. El mundo nos dice: «Haz lo que quieras. Hazlo tú». Sin embargo, somos embajadoras del cielo caminando sobre la faz de la tierra en un momento de gran confusión. Y en lugar de vivir para nosotras, vivimos para Él.

La Palabra del Señor no debe diluirse hasta que se mezcle a la perfección con la sabiduría de esta época. La Palabra de Dios siempre ha estado sola. Luchamos cuando caminamos con un pie en ambos mundos, porque nuestros afectos están divididos. En el versículo de hoy, David destaca nuestra necesidad de un corazón íntegro. Creo que estás leyendo esto porque deseas servir a Dios con todo tu corazón. Él quiere que no haya lucha por nuestros afectos. Nos invita a colocar nuestros corazones en la seguridad de su cuidado y, luego, a hacerles la guerra a los enemigos de nuestras almas.

Señor:
Tu reino es mi cultura. Dame un corazón íntegro,
a fin de que pueda temer tu nombre.

Soy fuerte
CUANDO MI CORAZÓN ES ÍNTEGRO.

3

MURALLAS

En ese día se cantará este canto en la tierra de Judá:
«Tenemos una ciudad fuerte; para salvarnos, el Señor
levantó murallas y fortificaciones».

ISAÍAS 26:1, DHH

E n la antigüedad, se levantaban murallas alrededor de las ciudades como sistema de protección. Eran un obstáculo que mantenía a raya a los animales salvajes y a los enemigos. Es un concepto desconocido para nosotras, pero estas ciudades estaban rodeadas por todos lados por murallas que no se podían escalar. Se erigían como una advertencia para los que estaban afuera: «No se les permitirá entrar hasta que sepamos que son dignos de fiar». También servían como una barrera de protección para los que vivían dentro de las murallas. Los habitantes de las ciudades aprendieron a confiar en las murallas y los guardianes de las puertas para su protección contra los invasores y el vandalismo. Esas murallas protegían a los ciudadanos de los estragos causados por las enfermedades. Además, actuaban como barreras contra el viento, la lluvia y las tormentas del desierto.

Ahora bien, a la luz de esto, imagina una ciudad sin murallas, una que han invadido y saqueado a voluntad. Los enemigos y los invasores van y vienen a su antojo. ¿Quién querría vivir donde no hay protección... donde no hay refugio?

Cuando no protegemos nuestro espíritu, habitamos en un lugar similar. Nuestro corazón ya no es un refugio de seguridad y paz, sino que se convierte en una ciudad violada y saqueada. Nos sometemos a nuestros estados de ánimo, impulsos, y a cualquier mentira o palabra destructiva que traspasen nuestros oídos. La frustración se convierte en nuestro pan de cada día, y lo que nos toca es la pena y el arrepentimiento.

Entonces, ¿cómo reconstruimos las murallas que nos protegen? Podemos comenzar agregando intención a nuestras palabras, teniendo presente el uso de palabras que sanen y edifiquen. Aprende la Palabra de Dios y cómo se aplica a tu matrimonio, trabajo, tus hijos y amistades. Bendice estas esferas de tu vida y niégate a maldecirlas. Permite que la Palabra de Dios transforme tu alma, y cosecharás sus beneficios.

Es fundamental que permitas que Dios te libere de cualquier intriga o trampa que sucediera como resultado de arrebatos o palabras perjudiciales del pasado. Estas podrían ser palabras que dijiste o palabras destructivas de otros que te lanzaron como misiles a tus murallas. Ten en cuenta el aluvión de palabras autodestructivas que usamos contra nosotras mismas, palabras como: «A nadie le importo de veras. Al final, estaré sola y traicionada». O «Soy fea y gorda. ¿Por qué le gustaría a alguien?». Estas palabras nos hieren y hacen que nuestras murallas se desmoronen. En vez de eso, busca en la Palabra materiales de construcción: Usa las promesas de Dios para descubrir y declarar la verdad sobre ti, y permite que se conviertan en una fuerte muralla de protección alrededor de tu corazón.

Amado Padre celestial:
Muéstrame la verdad sobre mí y mi vida en tu Palabra.
Ayúdame a construir fuertes murallas de verdad alrededor de
mi corazón, a fin de que pueda florecer en tu protección.

Soy fuerte
CUANDO PROTEJO MI CORAZÓN
CON LA PALABRA DE DIOS.

4

CAMINA A SU ALREDEDOR

No hay nada oculto que no llegue a manifestarse, ni hay nada
escondido que no haya de ser conocido y de salir a la luz.

LUCAS 8:17, RVC

uando me mudé a Colorado, fui a comprar un sofá para mi cuarto de estar. Recuerdo que encontré uno que me gustaba mucho. Pensé: «Aquí está el sofá perfecto». Se veía muy bien apoyado contra la pared de la tienda de muebles, rodeado de hermosos accesorios y pinturas. Entonces, recordé que mi sofá no tendría una pared detrás. El sofá necesitaría verse bien solo, sin una pared en la que apoyarse. Cuando aparté el sofá de la pared para mirar, me di cuenta de que no sería el adecuado al final. Si solo hubiera mirado la parte delantera del sofá, me lo habría llevado a casa. Me hubiera encantado... hasta que viera su parte trasera.

La mayoría de nosotras solo ve el lado positivo del pecado. Nos gusta la manera en que se ve y se siente, y nos decimos: «¡Me lo llevo!». Solo más tarde revisamos nuestras espaldas y experimentamos la vergüenza.

Sin embargo, cuando decimos o hacemos cosas pecaminosas en secreto, no es Dios el que nos avergüenza; nos avergonzamos nosotras mismas. Es como plantar semillas en secreto y enojarse con Dios cuando aparece una planta. Quizá creamos que somos capaces de ocultar las cosas lo bastante bien como para que el versículo de hoy no se aplique de veras a nuestras circunstancias. En cambio, si la Escritura dice que nada permanecerá oculto, eso es lo que significa sin excepción.

Teniendo en cuenta esta idea, es importante que vivamos con una mayor conciencia de nuestro comportamiento. El libro de Efesios lo llama vivir con cuidado [otras versiones traducen «circunspección»]. «Pero todas las cosas se hacen visibles cuando son expuestas por la luz, pues todo lo que se hace visible es luz [...] Por tanto, tened cuidado [anden con circunspección]; no como insensatos, sino como sabios» (Efesios 5:13, 15, LBLA).

Andar con circunspección significa vivir con la conciencia de que toda nuestra vida está conectada y llegará el momento en que un evento de nuestro pasado nos alcanzará en nuestro futuro. La raíz de la palabra circunspección significa prudencia y atención a lo que nos rodea, mientras que el sufijo significa mirar alrededor, observar el entorno con cuidado. Lo cual es muy parecido a un constructor que les permite a sus clientes potenciales que examinen o consideren su habilidad antes de comprarle una casa. Del mismo modo, nosotras estamos encargadas de vivir la vida sopesando las decisiones y acciones desde todos los ángulos y puntos de vista. Así que tenemos que hacer un recorrido por nuestras decisiones, visitar cada habitación y asegurarnos de que nos guste la forma en que se ve desde todos los ángulos. Entonces, seremos capaces de actuar con sabiduría y tomar buenas decisiones que nos den fuerza.

Señor:
Recuérdame que para ti todo está a la vista. No hay nada
que pueda ocultarte. Permíteme ser circunspecta en todas mis
relaciones, actuando de manera que te rinda honor.

Soy fuerte

PORQUE NO VIVO SOLO PARA EL DÍA DE HOY.

5

ABANDONA LA TIERRA
DEL LAMENTO

*Y había cuatro leprosos a la entrada de la puerta, y se dijeron el
uno al otro: ¿Por qué estamos aquí sentados esperando la muerte?*

2 REYES 7:3, LBLA

Llega un momento en el que cada una de nosotras debe decidir
que ya es suficiente. El lamento devora el corazón humano de
la misma manera que la lepra se come la carne humana. Las chicas
fuertes saben cuándo es hora de levantarse y caminar. Para evitar
una vida de lamentos, vive tu vida a propósito, con la mirada puesta
en el futuro. Todas necesitamos caminar con el destino en mente.
Sin un destino, un paseo se convierte en un deambular. En realidad,
no hay otra forma de viajar a donde quieres ir. Quizá te encuentres
ahora en un lugar al que no querías ir. Tal vez estés viviendo en la
sombría tierra del lamento. Tengo un secreto que contarte: El lamento te mantendrá en este lugar.

Es hora de que intercambies la frase: «¡Si tan solo!», por la frase: «Incluso ahora». El lamento seguirá resonando en nuestras vidas
hasta que se aborde de frente.

Creo que cada generación tiene la oportunidad y el mandato de
redimir sus errores diciendo la verdad y advirtiéndole a la próxima
generación, lo cual es algo que nunca podremos hacer si nos lamen-
tamos. A medida que redimimos nuestros remordimientos, trans-
mitimos un legado de aprendizaje. Esto significa que la próxima
generación tendrá la oportunidad de tener un nivel más alto, ver con

mayor claridad y evitar los escollos en los que caímos nosotras. Este no es el momento de sentarnos sin fuerzas en el lamento por nuestros fracasos del pasado ni de vagar sin rumbo. Es hora de caminar hacia adelante.

Dios:
Me niego a permanecer en el hambre de mis lamentos.
Voy a levantarme y avanzar a fin de que otros encuentren
la fuerza de mis acciones. Cambio mis «Si tan solo»
por los «¡Incluso ahora!», y acepto tu visión de mi futuro
en lugar de los lamentos por mi pasado.

Soy fuerte
PORQUE REDIMO MI LAMENTO
CON UN PROPÓSITO.

6

UNA MUJER AMADA

Porque el que te hizo es tu esposo; su nombre es el SEÑOR
Todopoderoso. Tu Redentor es el Santo de Israel; ¡Dios
de toda la tierra es su nombre! El SEÑOR te llamará como
a esposa abandonada; como a mujer angustiada
de espíritu [...] dice tu Dios.

ISAÍAS 54:5-6

El pasaje de hoy tiene una promesa especial para las mujeres. Dios podría haber dicho: «Tu Creador es tu padre», pero no lo hizo. Se posicionó como un esposo amoroso que restauraba a una esposa rebelde. Él describe la seguridad de su promesa: «Aunque cambien de lugar las montañas y se tambaleen las colinas, no cambiará mi fiel amor por ti ni vacilará mi pacto de paz» (v. 10). No importa cuán intenso sea la conmoción en tu vida, el amor de Dios por ti nunca flaqueará. Deja que este asunto se resuelva de una vez por todas en tu mente.

¡Este pasaje no tiene ninguna cláusula de exención de responsabilidad! Incluye a las mujeres solteras, divorciadas, estériles o viudas. Rodea a las mujeres que se sienten quebrantadas, menos que inadecuadas o que han ido demasiado lejos. Esta promesa abarca a todos los grupos de edades. Es la voz de Dios hablándoles a sus seres amados y preciosos. Él les habla paz a sus mujeres. Así que recibe su paz y deja que se calme todo enojo, ansiedad o miedo en tu corazón.

Las mujeres tienen una oportunidad única. Todo en nosotras se creó para servir y cuidar. Sin embargo, a menudo vivimos con el temor de desagradar a nuestro Padre celestial, y nos cansamos de hacer el bien. Tememos que ningún esfuerzo sea lo bastante bueno, que ningún sacrificio sea lo bastante grande. Recuerda, no se basa en lo que haces, sino en lo que se hizo por ti. Ninguna de nosotras podría vivir una vida lo bastante agradable como para satisfacer los mandamientos de Dios. Debemos ser mujeres conforme a su corazón, pero no iremos tras Él si tememos el rechazo y su ira. Esto crea una atmósfera llena de frustración. Dios quiere liberar a sus hijas de esta pesada carga.

Tú eres una mujer por su diseño y propósito divinos. Es algo para celebrar, pues te crearon maravillosa en extremo... y te aman de forma inquebrantable.

Señor Dios:
Imprime en mi espíritu la clase de mujer que quieres que sea.
Acepto tu amor inquebrantable y todo lo que has hecho por mí.
Acércame a ti, a un lugar de paz en mi femineidad.

Soy fuerte
PORQUE ME DISEÑARON DE MANERA DIVINA.

7

NO ERES UNA CIUDADANA DE SEGUNDA CLASE

«Yo seré un padre para ustedes, y ustedes serán mis hijos y mis hijas, dice el Señor Todopoderoso».

2 CORINTIOS 6:18

Cuando me convertí en cristiana y me di cuenta de que Dios me amaba de verdad, era demasiado para mí comprenderlo. En respuesta a tan hermosa misericordia, me abandoné a su cuidado. Nunca pensé en mi feminidad como un problema.

Después, fui a iglesias y conferencias donde escuché cosas que nublaron el asunto de su amor por mí. De alguna manera tenía la impresión de que había entrado en la redención como ciudadana de segunda clase del reino. Ahora, fíjate, no creo que nadie me lo dijera directamente, pero aun así fue una idea subyacente: Las mujeres no eran confiables y apenas se redimían.

Mi primer encuentro confuso ocurrió mientras aún estaba en la universidad. En una conferencia cristiana, después de un maravilloso tiempo de adoración, el pastor abrió en oración y llamó a su esposa a la plataforma. Vi cómo una mujer amable y encantadora subía a una plataforma rodeada por miles de personas. Entonces, comenzó una serie de bromas y humillaciones, de las cuales ella era la más afectada. A algunas, la mujer respondió en broma. La congregación se echó a reír, pero yo me sentí un poco mal. Los comentarios mordaces del pastor parecían cavar un poco más hondo que los que hacía ella. Era como si su esposa conociera sus límites, y él no tuviera ninguno.

«¿Saben dónde estaríamos los hombres sin las mujeres?», preguntó de manera afable. Esperaba que ahora dijera algo bueno después de todas las humillaciones.

«Los hombres estarían todavía en el jardín». Todo el lugar estalló en carcajadas. ¿Fui la única confundida por el comentario? ¿Había salido de un mundo de vergüenza para que se burlaran de mí en otro? Mi rostro se enrojeció, y sentí que las lágrimas trataban de escaparse de mis ojos.

Al día siguiente, en lugar de unirme al servicio, me excusé y me ofrecí como voluntaria en la guardería. Me sentía más cómoda creyendo que Dios me amaba cuando mecía a los bebés que lloraban. Mientras los sostenía, imaginé que así era que se sentía Dios conmigo. Por dentro lloraba y Él me hablaba con suavidad. Yo era su hija; Él era mi Padre. Había mucho que no entendía, pero su amor era seguro.

¿Por qué las mujeres aceptan los comentarios mordaces cuando se dirigen en contra de su género? ¿Es porque tienen miedo? No, me temo que va más allá. Creen que es verdad hasta cierto punto y, por lo tanto, merecen el abuso. Sin embargo, nosotras no lo merecemos. No lo creamos. Dios no está enojado con las mujeres por ser mujeres. Él no nos creó como ciudadanas de segunda clase. Él nos ama como un Padre ama a una hija, y su amor por nosotras es seguro.

Señor:
Gracias por hacerme una mujer. Muéstrame la verdad de mi valía,
y la verdad de tu amor. Alienta y dales poder a tus hijas hoy.

Soy fuerte

PORQUE SOY HIJA DE DIOS. NO SOY UNA SEGUNDA IDEA; SOY SU PRIMER AMOR.

8

TODO TU AMOR

Dios no es hombre, para que mienta.

*M*uchas mujeres viven con la idea equivocada de que su destino está a la espera hasta que se casen y se les prometa el amor eterno del hombre de sus sueños. En algún momento, hemos olvidado que somos el sueño de Dios. No tenemos que esperar a que el amor nos encuentre: ya lo hizo. Jesús nos amó primero. Debe resolverse la cuestión de si somos amadas o no.

Aun así, durante siglos, las hijas de Eva les han gritado a los hijos de Adán: «Dame todo tu amor. Protégeme. Satisface mis necesidades más profundas de seguridad y cuidado». Cuando los hijos de Adán responden, hacen declaraciones que no pueden cumplir con la esperanza de que las hijas de Eva encuentren el anhelo que no pueden expresar. Ambos objetivos están condenados al fracaso, pues solo Dios puede satisfacer esos profundos deseos en cada una de nosotras.

En su excelente libro *Salvaje de corazón*, John Eldredge analiza la decepción que experimentan los hombres cuando buscan su satisfacción en lo que llama «la mujer de cabello dorado». Ah, ¿pero qué me dices de las mujeres? ¿Nuestra esperanza no es igual de inadecuada? Hemos buscado por demasiado tiempo satisfacción en Adán, a pesar de que estaba condenado a decepcionarnos. Adán fue mucho más que un esposo para Eva. En cierto modo, era un tipo de padre, pues ella era la única mujer nacida del hombre. La serpiente la engañó para que pecara y, luego, se decepcionó por la elección de Adán, al igual que ella se sintió decepcionada por la suya propia. A decir verdad, queremos hombres que saquen sus fuerzas de algo más grande que nosotras.

La culpa no es de los hijos de Adán; ellos no pueden darnos la bendición que buscamos, y los asustamos dándoles tanto poder sobre nuestras almas. Debemos aprender que las bendiciones que necesitamos de veras solo vienen de Dios. Debemos permitir que Dios nos dé un nuevo nombre, porque ya no somos hijas de Eva, escondidas en las sombras, sino hijas de la luz y la promesa, su novia.

En nuestras relaciones con los hombres podemos encontrar amor, podemos encontrar compañía, podemos encontrar un compañero de vida, pero nunca encontraremos un Salvador. Solo Jesús es el Hombre que no puede mentir, porque Él es la Verdad. Su Espíritu Santo está más cerca que el aliento que respiramos. En Jesús somos rescatadas, protegidas, apreciadas y sanadas de maneras que solo son posibles para Aquel que ama a la perfección.

Señor:
Tú eres la Verdad que no puede mentir. Solo tú puedes
hacerme completa. Perdóname por darle a cualquiera,
menos a ti, tanto poder sobre mi alma.

Soy fuerte

CUANDO ENCUENTRO MI PLENITUD
EN DIOS Y NO EN LOS HOMBRES.

9

ANDA EN LA LUZ

Si andamos en la luz, como Él está en la luz, tenemos
comunión los unos con los otros, y la sangre de Jesús
su Hijo nos limpia de todo pecado.

1 JUAN 1:7, LBLA

¿Qué significa «andamos en la luz, como Él está en la luz»? Para responder necesitamos leer un versículo anterior, 1 Juan 1:5: «Dios es luz, y en Él no hay tiniebla alguna» (LBLA). Dios no solo anda en la luz; Él es la luz. Esta luz no emana de ninguna cubierta externa, sino que procede de su propio ser. No hay tinieblas en ninguna parte de Él. Para nosotras, este es un concepto difícil de imaginar, mucho menos de visualizar. Todo lo que vemos está ensombrecido y oscurecido de una manera u otra. Cada fuente de luz que conocemos causa sombras. El apóstol Juan no se refería a una fuente de luz que se origina o brilla fuera o alrededor de nosotras, sino a una que procede de nosotras.

Juan tampoco se refería a la luz natural y física, sino a la luz de nuestro espíritu (aunque en el cielo, como en el caso de Moisés, puede ser bien visible de manera física). Andamos en la luz en este presente mundo oscuro y sombrío caminando en la pureza de corazón. Al permitir que la sangre de Jesús nos limpie, eliminamos los aspectos de oscuridad en nuestras vidas. Esto restaura y mantiene nuestra comunión con otros creyentes y con Dios. No obstante, «si afirmamos que no tenemos pecado, nos engañamos a nosotros mismos y no tenemos la verdad» (1 Juan 1:8).

Si tenemos algún tipo de autoconciencia, la mayoría de nosotras nunca afirmaría estar sin pecado. En cambio, esto puede suceder sin que nos demos cuenta. Cuando justificamos, culpamos o damos excusas por nuestro comportamiento, en esencia afirmamos que no tenemos defectos. En nuestras conversaciones se puede escuchar: «Lo siento. Sé que no debí haberlo hecho... ¡pero (inserta una excusa aquí)!». Para casi todas nosotras, esta línea de razonamiento es demasiado conocida. De una forma u otra lo hemos dicho desde la infancia. Sin embargo, esto no es una disculpa; es una manera de culpar. Lo cierto es que no lo sentiremos hasta que no asumamos la responsabilidad por nuestros actos.

«Lo siento, ¡pero me hiciste enojar!». Esta es una técnica de culpar que dice que no teníamos otra opción en el asunto. En 1 Juan 1:8 se nos dice que cuando seguimos el patrón de afirmar que no tenemos pecado, nos engañamos a nosotras mismas y «no tenemos la verdad». Una cosa es tener conocimiento de la verdad y otra muy distinta es vivirla.

Dios quiere manos limpias y un corazón puro. Estos vienen a través de la humildad, la transparencia y la sinceridad.

Amado Señor:
Muéstrame cómo andar en la luz, y dejar de culpar
y poner excusas por cualquier patrón de oscuridad.

Soy fuerte

PORQUE LA PROPIA FUENTE DE LUZ ME LLEVA
POR EL CAMINO DE LA VERDAD.

Fuerte en
las relaciones

1

NUNCA RECHAZADA

Su ira es solo por un momento, pero su favor
es por toda una vida.

SALMO 30:5, LBLA

¿Qué haces cuando sabes que lastimaste o molestaste a alguien? Aprendí por las malas que si me alejo, evito a esa persona o pongo excusas, la relación se desmorona. Por otro lado, si vuelvo mi corazón hacia ella, extiendo la mano, y aquí está la parte difícil, pido perdón con humildad, existe la posibilidad de que sane la relación. Este siempre es el enfoque adecuado en nuestras relaciones, aun si no vemos la respuesta apropiada de los demás. Hay momentos en los que la gente elegirá no perdonarte, pero debes saber esto: Dios nunca hará algo así. Su amor y perdón siempre prevalecen. Aunque parezca que ha dado la espalda, nunca te rechazará.

Hay veces en las que sé que Dios está menos que satisfecho con mi comportamiento. En el momento en que soy sincera conmigo misma, me arrepiento y le pido perdón, mi corazón se llena de su luz y amor. Incluso cuando sé que merezco un juicio, Él me baña en misericordia. De inmediato me asegura: «Tú eres mía. Te amo. Creo que quieres cambiar. Ya te perdoné. Ahora, es tiempo de olvidarlo». En este momento Él quiere que sepas lo mismo.

Eres su hija. Puede que rechace tus acciones, palabras o comportamiento, pero nunca te rechazará a ti. Cuando sepas que hiciste algo que desagrada a tu Padre, vuélvete hacia Él en lugar de alejarte.

Apartarte o esconderte alarga el proceso y nos impide experimentar su «favor [que] es por toda una vida». Abre tu corazón y recibe tanto su amor como la lección que se debe aprender.

Padre:
Sé que me amas demasiado como para no mostrarme cuándo
me equivoco. Revélame a través de tu Palabra y tu Espíritu
cualquier aspecto de mi vida que se deba limpiar por tu
misericordia. Decido correr hacia ti y nunca alejarme.

Soy fuerte
PORQUE SÉ A DÓNDE ACUDIR
CUANDO ME EQUIVOCO.

2

PAZ EN EL CONFLICTO

Si es posible, y en cuanto dependa de ustedes,
vivan en paz con todos.

ROMANOS 12:18

A veces, resolver un conflicto es más fácil decirlo que hacerlo. Cuando el conflicto es entre cristianos, al menos tenemos el mismo marco de referencia o estándar para resolver los problemas. En cambio, otras veces la gente se niega a reconciliarse. Entonces, ¿qué hacemos? He vivido lo suficiente como para que esto me haya sucedido unas cuantas veces. Sin quererlo, ofendí a una amiga y sentí que había una brecha entre nosotras. Busqué en mi corazón y fui a verla. Le pregunté si había hecho algo para lastimarla u ofenderla. Le aclaré que me di cuenta de que podía ser ofensiva sin mi conocimiento y le aseguré que no quería seguir así. Me dijo que yo no había hecho nada, pero aun así ella seguía distante. Le compré un regalo, le dejé una nota y le volví a pedir perdón. No recibí ninguna respuesta. Fui de nuevo en persona. Me aseguró que no, que no había nada malo, pero a pesar de eso permanecía distante. Por último, fui a ver a una amiga en común y le pregunté si sabía lo que hice para ofender a esta persona. No lo sabía. Le conté toda la historia en un intento de darle sentido a esto. Después de escucharlo todo, me dijo al final:

—Lisa, ¿le has pedido que te perdone?

—Sí —le aseguré.

—¿Te le has acercado?

—Por supuesto, en repetidas ocasiones —le respondí.

—Si has hecho todo eso y ella todavía no te recibe, tienes que olvidarlo.

Sus palabras me liberaron. Me di cuenta de que había obedecido a Romanos 12:18: «Si es posible, y en cuanto dependa de ustedes, vivan en paz con todos». Me sentí tan culpable y perdida porque ni siquiera estaba segura de cuál era mi falta. La verdad es que es muy posible que ella ya no disfrutara de nuestra amistad, o que hubieran cambiado las etapas en nuestras vidas. He visto a algunas amigas entrar y salir de mi vida mientras Dios ha hecho una obra en mí o en ellas.

Nuestra responsabilidad es orar por la reconciliación y preguntarle a Dios qué papel debemos tener en el proceso. Si acudimos con humildad y amor a la persona con la que deseamos reconciliarnos, y nos sigue rechazando, a veces es porque aún no está preparada para responder. Puede doler, pero nunca eres un fracaso si obedeces la Palabra de Dios.

Amado Dios:
Por favor, dame la fuerza para ser una reconciliadora
en mis relaciones y la sabiduría para saber cuándo las
reacciones de los demás están fuera de mi control. En lo
que depende de mí, ayúdame a traer la paz.

Soy fuerte

**PORQUE VIVO EN PAZ CON OTROS
Y CON DIOS.**

3

AFECTOS Y
DIRECCIÓN

Cuídame, oh Dios, porque en ti busco refugio. Yo le he dicho al Señor:
«Mi Señor eres tú. Fuera de ti, no poseo bien alguno» [...] Siempre
tengo presente al Señor; con él a mi derecha, nada me hará caer.
Por eso mi corazón se alegra, y se regocijan mis entrañas; todo mi
ser se llena de confianza.

SALMO 16:1-2, 8-9

Tus afectos dirigirán tus decisiones. Al final, tus afectos influirán en cada aspecto de tu vida. Para esas de nosotras que procuramos hacer de Dios el centro de nuestros afectos, la pregunta es: «¿Cómo pongo mi corazón en un Dios que no puedo ver?».

Si quieres saber la manera de hacer algo, habla con alguien que ya ha aprendido a hacerlo bien. El rey David sabía cómo ir tras Dios y mantener la pasión por Él. Se mantuvo tan estrechamente ligado a Dios como ningún otro hombre antes que él. David nunca dudó del amor ni de la fidelidad de Dios, y vivió su vida en constante respuesta y acción de gracias a Él.

En el pasaje bíblico de hoy, David pone al Señor ante sí, trayendo las declaraciones de su corazón a través de sus palabras. Nuestros corazones siempre se revelan por las palabras que expresamos, ya sea en la oración, el conflicto o la conversación. El corazón, por otra parte, también se transforma con las palabras que decimos. Aquí en este salmo, David manifiesta algunas verdades poderosas que necesitamos hacer nuestras:

1. Haz de Dios tu refugio... ni siquiera los reyes pueden protegerse a sí mismos.
2. Hazlo personal... llámalo tu Señor.
3. Dile que no hay nada que desees más que a Él.
4. Ponlo siempre delante de ti.
5. Dale la preeminencia y hónralo con tu vida.
6. Síguelo en todo lo que haces.
7. Represéntalo porque Él tiene el control.
8. Relájate y regocíjate, pues tú ya no tienes el control.
9. Descansa en Él debido a estas poderosas verdades.

Al hacer declaraciones de amor y de pacto con Dios, los lazos entre nosotros se fortalecen. Tenemos la capacidad de entablar y expandir cada relación en la vida a través de nuestras palabras y acciones correspondientes. Las palabras pueden sanar y limpiar los espacios sagrados de nuestra vida, así como pueden herir lo más íntimo de nuestro ser.

A fin de preparar tu corazón en Dios, elige las palabras de la forma en que lo haces con tus amigas... con sabiduría. Quizá sean pocas, pero preciosas. Ve tras Dios con las palabras de tu boca y, al igual que David, encontrarás que crece tu pasión por Él.

Amado Señor:
Quiero conocerte y buscarte de manera tan apasionada e intencional como lo haría en la más preciada relación humana. Mientras abro la boca en oración, permite que crezca mi afecto por ti.

Soy fuerte

PORQUE MIS PALABRAS ESTÁN SATURADAS CON EL AMOR DEL DIOS TODOPODEROSO.

4

SEGURA Y PROTEGIDA

El Señor es refugio de los oprimidos; es su baluarte en momentos de angustia.

SALMO 9:9

E l abuso sexual y el abuso físico están a nivel epidémico. ¿Cómo querría mi Padre que me trataran?

Esta es una pregunta muy importante cuando se trata de las relaciones con las personas que tienen mucho acceso a nosotras. Estas personas pueden ir desde un médico o maestro, hasta familiares y amigos. Podría ser alguien tan cercano como un novio o tan íntimo como un esposo. No obstante, escúchame, por favor: Si eres víctima de abuso o estás comprometida de alguna manera, no es amoroso ni saludable para ti guardar silencio. No te quedes en una relación con quienes abusan de ti o te maltratan. Así como los padres sanos y piadosos protegen a sus hijas, tu seguridad es muy importante para tu Padre celestial.

Tu Padre celestial nunca querría que te violaran. Quiere que te protejas y te fortalezcas. No te dejes intimidar por otras personas ni siquiera por tus propias malas decisiones. Él estará allí para respaldarte mientras tomas tu posición. Nunca imagines que Él haría comentarios como: «Te lo buscaste al estar allí» o «Te lo buscaste tú misma». ¡Nunca diría esas cosas! Él diría: «¡Sal, vuelve a casa y cuídate!». Tienes todo el derecho de usar tu voz para denunciarles el abuso a las autoridades correspondientes.

Esto se aplica a las relaciones románticas, amistades, asociaciones comerciales o con cualquier persona con la que tengas vínculos estrechos. Lucas dice que «oren por quienes los maltratan», pero la oración es igual de poderosa desde la distancia (Lucas 6:28). Pablo nos afirma: «Si es posible, y en cuanto dependa de ustedes, vivan en paz con todos» (Romanos 12:18). La frase «en cuanto dependa de ustedes» implica que, hasta cierto punto, depende de ellos. Tienes tanto el derecho como la capacidad de adoptar una posición y mantener una distancia saludable de quienes te quieren hacer daño. Si estás involucrada con alguien controlador, y descubres que no puedes enfrentártele cara a cara, niégate a reunirte con él en persona. Y, por supuesto, nunca tendrás que soportar el abuso sexual o físico, bajo ninguna circunstancia.

Crear espacio entre ti y alguien que te ha lastimado no solo te protege, sino que le comunicas a esa persona que su comportamiento es inaceptable y que se debe poner en su sitio. Puedes perdonar a alguien sin darle acceso futuro a ti o a tu vida. Perdonarlos protegerá la salud de tu alma que Dios valora tanto.

Eres una amada hija de Dios. Debes saber cómo Él quiere que te traten.

Jesús:
Dame tu fuerza y sabiduría para lidiar con cualquier relación tóxica en mi vida. Confío en ti para que estés conmigo.

Soy fuerte
CUANDO LES PONGO LÍMITES A LAS RELACIONES ABUSIVAS O DAÑINAS.

5
SÉ SABIA EN
LA AMISTAD

Más vale ser reprendido con franqueza que ser amado en secreto.
Más confiable es el amigo que hiere que el enemigo que besa.

PROVERBIOS 27:5-6

La amistad puede tener un poderoso efecto en nosotras. Las verdaderas amigas nos dirán la verdad, expresando palabras que pueden herir nuestro orgullo, pero que nos sanan al final. Las amigas en las que se puede confiar nos dirán lo que necesitamos escuchar en lugar de lo que queremos oír. Por otro lado, se nos advierte que «las malas compañías corrompen el buen carácter» (1 Corintios 15:33, NTV). Es sabio que te rodees de gente a la que quieres parecerte, en lugar de personas a las que no quieres imitar.

Aquí tienes algunas ideas sobre cuán fuertes son las mujeres al elegir amigas:

En primer lugar, asegúrate de que tus amigas estén a tu favor, no en tu contra. ¿Se conectan más a menudo en un nivel de queja? ¿Su compañía te deja sintiéndote agotada, exhausta o enojada? Esfuérzate por encontrar amigas que inviertan en tu crecimiento y sé tú misma ese tipo de amiga.

En segundo lugar, quieres una amiga que te desafíe a crecer y te ayude a concentrarte en quién quieres ser. Las Escrituras nos dicen en Proverbios 27:17: «Como el hierro se afila con hierro, así un amigo se afila con su amigo» (NTV). Deseas tener y ser una amiga que diga la verdad con amor en lugar de halagar, mimar o decir lo que quieren escuchar. El desacuerdo puede ser saludable, y «más confiable es el amigo [de este tipo] que hiere».

Sé paciente. La confianza lleva tiempo. La amistad lleva tiempo. La intimidad no es lo mismo que mucho compañerismo. En realidad, no conoces a alguien solo porque sabes más de lo que deberías saber sobre esa persona o que esta sabe más de lo que debería saber sobre ti. He visto amistades que surgen al instante y se desvanecen con la misma rapidez. Como cualquier cosa de valor, las amistades saludables requieren trabajo. He aprendido que no sé si tengo una amiga verdadera o falsa hasta que superamos un conflicto.

En realidad, las redes sociales no están configuradas para entablar amistades, sino para tener conocidos. Así que ten cuidado e intencionalidad al elegir tus amistades. Ora y pídele a tu Padre el tipo adecuado de amigas para esta época de la vida. Él puede revelar la diferencia entre una «amienemiga» y alguien que va en la dirección que quieres ir. Si hay alguien que a menudo te menosprecia, traiciona o te deja fuera, pregúntate por qué son amigas. Comprueba tus motivos. ¿Estás atrapada en un patrón poco saludable? ¿Es porque quieres ser popular? Ora para discernir la voluntad de Dios por medio del Espíritu Santo.

Podemos ser amables, amigables y llevarnos bien con cualquier número de personas de todo tipo. Sin embargo, para esas a las que acercas a ti e inviertes en su amistad, asegúrate de que ambas hablen la verdad la una con la otra.

Dios:

Sé que tu voluntad para mí es que esté en comunidad, y que crezca en la amistad y a través de esta. Ayúdame a elegir de manera sabia con quién pasar mi tiempo.

Soy fuerte

CUANDO ME HAGO AMIGA DE QUIENES CRECEN CONMIGO.

6

EL DIOS DE JUSTICIA

Justo parece el primero que defiende su causa
hasta que otro viene y lo examina.

PROVERBIOS 18:17, LBLA

Siempre que hay más de una persona en una habitación, en una conversación o en las redes sociales, existe la posibilidad para el conflicto. Con demasiada frecuencia, los que están a cada lado de la discusión se obstinarán y se negarán a escuchar porque creen que son los que tienen la razón.

Cuando los hijos de Israel estaban bajo la esclavitud egipcia, habían visto cómo se resolvían los conflictos mediante la violencia y la intimidación. En su nueva época de libertad, necesitaban un modelo saludable para la solución de los conflictos.

Habían cambiado sus vidas de esclavos en la tierra de Egipto por una vida bajo la nube y la protección de la presencia de Dios. Esto significaba pasar del dominio de los ídolos de piedra y de las imágenes ciegas a un Dios vivo que es santo y justo, amoroso y digno de respeto. Este Dios de fuego y amor no se parecía en nada a los dioses egipcios que se aplacaban con ofrendas. Al Santo de Israel se le debía servir en espíritu y verdad. Y la verdadera razón de su gobierno era la justicia. «Pero el Señor permanece para siempre; ha establecido su trono para juicio» (Salmo 9:7, LBLA).

Cuando nos han tratado de manera injusta, podemos confiar en que al final se hará justicia. Entretejido en lo profundo de cada una de nosotras está el desesperado anhelo de justicia, pero si somos sinceras, hemos juzgado mal. Ha habido muchas personas o circunstancias en las que estaba segura de que tenía razón hasta que escuchaba el otro lado de la historia. Esta es la verdadera razón de la amonestación de Pablo en 1 Corintios 4:5 (RVR60): «Así que, no juzguéis nada antes de tiempo, hasta que venga el Señor, el cual aclarará también lo oculto de las tinieblas, y manifestará las intenciones de los corazones; y entonces cada uno recibirá su alabanza de Dios».

Podemos buscar su sabiduría en nuestros conflictos y sentirnos aliviadas de que, en última instancia, a Él le corresponde juzgar y salvar. Caminando en su liderazgo, podemos responder con rectitud y misericordia sin tener la responsabilidad de imponer castigos, tomar venganza ni obligar el cumplimiento. Podemos orar a Él, y verlo actuar y dar consejos. Dios es, después de todo, un Consejero que siempre está con nosotros.

Señor:
Gracias porque desapareció la presión; puedo confiar
en ti y cederte el liderazgo en tiempos de conflicto.

Soy fuerte

CUANDO AL DIOS DE LA JUSTICIA LE CONFÍO EL CONFLICTO.

7

A PRUEBA
DE CHISMES

*El falto de juicio desprecia a su prójimo, pero el
entendido refrena su lengua. La gente chismosa revela
los secretos; la gente confiable es discreta.*

PROVERBIOS 11:12-13

A todas nos ha pasado: Estás teniendo una conversación agradable cuando alguien se les une y empieza a chismorrear. Miras alrededor del grupo con la esperanza de que alguien le ponga fin. Sin embargo, cuanto más tiempo escuchas, más incómoda te sientes al enfrentarlo. Te convences de que puedes manejar lo que escuchas; después de todo, eres madura y sabia... Serás capaz de permanecer imparcial. De lo que no te darás cuenta hasta más tarde es que se nubló tu visión. La próxima vez que veas a la persona de la que se habló, será incómodo. O la próxima vez que solo escuches su nombre, sentirás la presión de juzgarla, no solo por sus acciones, sino por sus motivos. Es un desafío evitar el chismorreo, pero incluso escuchar chismes nos contamina (Proverbios 17:4). Esta es una dinámica diaria muy real con la que debemos lidiar en las redes sociales.

Nos servirá de mucho entender primero qué hace un chisme si queremos evitar ser parte suya. El Diccionario de la lengua española define un chisme como un «comentario con que generalmente se pretende indisponer a unas personas con otras o se murmura de alguna». Un chismoso tiene el hábito de darles información íntima a personas que no están involucradas directamente en la situación. Todo el mundo ha chismorreado en algún momento. Sin embargo, la persona chismosa lo hace sin pensarlo siquiera. La experiencia me ha enseñado que su motivo puede ser tan inocente como querer sentirse aceptada e importante, o tan oscuro como querer destruir la reputación de alguien.

El chisme envenena las relaciones y distorsiona la verdad. El chisme es siempre una deslealtad a la confianza. Un secreto, un incidente, un conflicto que podría haberse resuelto se repite para beneficio de otra persona. Una persona traiciona los valores de los demás con el propósito de lograr seguridad, posición o influencia. La gente chismorrea para ganar estatus, llamar la atención, entretener o sentirse mejor. Otras personas lo hacen para castigar o poner a alguien en su lugar al juzgarle con sus palabras.

Ese no es nuestro lugar. El Espíritu Santo ablanda nuestro corazón de modo que si hablamos de alguien, nos sintamos frenadas. Si el enemigo sabe que proteges lo que dices, puede intentar engañarte con lo que miras, lees o escuchas. No se lo permitas. Cuidarse de los chismes es una parte muy importante de la protección de tu corazón. Cuando te comprometas a alejarte de este tipo de conversaciones, apóyate en el Espíritu a fin de obtener sabiduría sobre cómo lidiar con estas situaciones. A veces es mejor levantarse y marcharse. No quieres que tu boca te lleve por ese camino oscuro. No permitas que nadie hable mal de las personas cercanas a ti. En su lugar, ora, ama y, cuando sea necesario, enfréntalas.

Señor:
Vigila mi boca y mis oídos para que no manche mi corazón.
Enséñame a mantenerme firme, pero con suavidad, a corregir
mi vida y a responder al control de mi espíritu.

Soy fuerte

CUANDO HABLO PALABRAS DE VIDA EN LUGAR DE CUALQUIER FORMA DE CHISME.

8

VIVE EN ARMONÍA

*Vivan en armonía los unos con los otros. No sean arrogantes,
sino háganse solidarios con los humildes. No se crean los
únicos que saben. No paguen a nadie mal por mal. Procuren
hacer lo bueno delante de todos.*

ROMANOS 12:16-17

Vivir en armonía o en paz los unos con los otros es vivir de manera compatible, en sintonía y en amistad con los demás en el cuerpo de Cristo. Esta petición de vivir en armonía se ajusta tanto dentro como fuera de las paredes de la iglesia. Es fácil dejar de lado cualquier distinción que creamos que poseemos, porque en Cristo todos somos uno. Cuando comprendamos esto, encontraremos amistad con personas inesperadas al servicio de Dios, sin importar dónde les sitúe su etapa de la vida. El pasaje bíblico de hoy nos advierte que el orgullo y la autoconfianza nos harán vivir en desarmonía con los demás. Una razón es que la vanidad nos hace pensar que tenemos el derecho a devolver mal por mal, que es lo contrario de lo que las Escrituras nos alientan a hacer. Recuerda que, en Cristo, debemos adoptar la naturaleza de sierva. Esto significa que vivimos como ejemplos de lo que es bueno haciendo lo bueno.

Cuando la arrogancia y el orgullo se dejan de lado, volveremos la otra mejilla cuando nos abofeteen, daremos nuestra capa cuando se nos pida nuestra camisa y recorreremos la segunda milla. Se nos exhorta a que hagamos todo lo posible para hacer lo bueno por el bien de los demás y, en lo que nos concierne, a vivir en paz con todos. Esto significa desarrollar una confianza infantil en nuestro

Padre. Él es el único que conoce todos los lados y cada línea en cada página de la historia. Él es el fiel y verdadero autor.

Vivimos en una época donde la tensión es muy alta, y aun así, la gente aún responde a la amabilidad. A medida que avanzo en mi día, procuro que las personas se den cuenta. Las felicito, las ayudo o solo las saludo. Demasiadas personas se mueven con rapidez por la vida con los auriculares puestos y los ojos desviados. Te reto a que seas fuerte y te arriesgues con amabilidad. Negar la existencia de la tensión racial o del orgullo financiero no hace nada para sanarlo. Seamos proactivas. Ora para que todos y cada uno de los campos de prejuicio que quizá se oculten en tu corazón queden al descubierto. Si encuentras alguno, encárgate de eso y arrepiéntete. Deja a un lado las anteojeras del orgullo que te alentarían a justificarlo, o a inventar excusas, y a tomar el manto de la humildad.

Padre:

Revela cada aspecto de orgullo y prejuicio en mi vida, a fin de que pueda vivir en paz y armonía con los demás.

Soy fuerte

CUANDO VIVO EN ARMONÍA CON OTROS.

9

CRECE EN UNA COMUNIDAD PIADOSA

«Ustedes son mis amigos si hacen lo que yo les mando».

JUAN 15:14

Las amigas de Cristo serán verdaderas amigas para ti. Hablarán bien porque viven bien. «Ustedes son mis amigos si hacen lo que yo les mando» (Juan 15:14). Jesús es claro aquí. Las amigas guardan los mandamientos de Dios y alientan a otras a hacer lo mismo. No guardan los mandamientos para demostrar su amor por Él, sino porque lo aman.

Las verdaderas amigas siempre te elevarán más alto y te desafiarán a caminar de una manera que agrada a nuestro Señor. Querrán pasar tiempo contigo y se preocuparán por tu crecimiento. Se reirán y llorarán contigo. Las etapas de la vida pueden separarlas, pero como son amigas del corazón, cuando vuelven a estar juntas es como si no hubieran perdido el tiempo. Las verdaderas amigas no temerán tu crecimiento, favor ni logros, sino que los celebrarán contigo como si fueran propios. Todas necesitamos una tribu de mujeres detrás, al lado y delante de nosotras. Estos principios son tan verdaderos cuando eres joven como cuando eres mayor.

«Uno solo puede ser vencido, pero dos pueden resistir. ¡La cuerda de tres hilos no se rompe fácilmente!» (Eclesiastés 4:12). Las amigas luchan contigo y por ti en oración, intercesión y dándote fuerzas que tal vez no tengas por tu cuenta. Algo poderoso sucede cuando las amigas se reúnen en el nombre de Dios. Jesús dijo: «Donde dos o tres se reúnen en mi nombre, allí estoy yo en medio de ellos» (Mateo 18:20). Esta es una bendición increíble para este tipo indispensable de amistad.

Las amigas buscan juntas las Escrituras y se sorprenden por el poder del Espíritu Santo en cada una. Anímate. Dios está haciendo un trabajo hermoso y profundo en sus hijas aquí en la tierra.

Habrá momentos en que las amigas no estén de acuerdo, pero eso no significa que debamos separarnos. Protéjanse y cúbranse unas a otras porque nos crearon para crecer en comunidad. El crecimiento siempre significa que habrá errores y contratiempos, pero cuando nos comprometemos unas con otras, esperamos lo mejor en lugar de buscar lo peor.

Si no tienes este tipo de relaciones en tu vida, sé intencional y constrúyelas en el futuro. Ora y pide la dirección de Dios, y nuevas formas de desarrollar un vínculo piadoso. Al principio, puede parecer aterrador, pues algunas personas no quieren ese nivel de compromiso. Arriésgate y extiende la mano. Ya sea para unirse en la oración, en el estudio o para disfrutar de la compañía de las demás, el tiempo con estas mujeres es algo de lo que no se puede prescindir.

Jesús:
Quiero ser una verdadera amiga y tener verdaderas amistades. Muéstrame dónde y cómo crearlas.

Soy fuerte
CUANDO ESTOY CON MIS HERMANAS EN CRISTO.

CAMINA A SU ALREDEDOR

No hay nada oculto que no llegue a manifestarse, ni hay nada escondido que no haya de ser conocido y de salir a la luz.

uando me mudé a Colorado, fui a comprar un sofá para mi cuarto de estar. Recuerdo que encontré uno que me gustaba mucho. Pensé: «Aquí está el sofá perfecto». Se veía muy bien apoyado contra la pared de la tienda de muebles, rodeado de hermosos accesorios y pinturas. Entonces, recordé que mi sofá no tendría una pared detrás. El sofá necesitaría verse bien solo, sin una pared en la que apoyarse. Cuando aparté el sofá de la pared para mirar, me di cuenta de que no sería el adecuado al final. Si solo hubiera mirado la parte delantera del sofá, me lo habría llevado a casa. Me hubiera encantado… hasta que viera su parte trasera.

La mayoría de nosotras solo ve el lado positivo del pecado. Nos gusta la manera en que se ve y se siente, y nos decimos: «¡Me lo llevo!». Solo más tarde revisamos nuestras espaldas y experimentamos la vergüenza.

Sin embargo, cuando decimos o hacemos cosas pecaminosas en secreto, no es Dios el que nos avergüenza; nos avergonzamos nosotras mismas. Es como plantar semillas en secreto y enojarse con Dios cuando aparece una planta. Quizá creamos que somos capaces de ocultar las cosas lo bastante bien como para que el versículo de hoy no se aplique de veras a nuestras circunstancias. En cambio, si la Escritura dice que nada permanecerá oculto, eso es lo que significa sin excepción.

Teniendo en cuenta esta idea, es importante que vivamos con una mayor conciencia de nuestro comportamiento. El libro de Efesios lo llama vivir con cuidado [otras versiones traducen «circunspección»]. «Pero todas las cosas se hacen visibles cuando son expuestas por la luz, pues todo lo que se hace visible es luz [...] Por tanto, tened cuidado [anden con circunspección]; no como insensatos, sino como sabios» (Efesios 5:13, 15, LBLA).

Andar con circunspección significa vivir con la conciencia de que toda nuestra vida está conectada, y llegará el momento en que un evento de nuestro pasado nos alcanzará en nuestro futuro. La raíz de la palabra circunspección significa prudencia y atención a lo que nos rodea, mientras que *spect* significa mirar alrededor, observar el entorno con cuidado. Es parecido a lo que le pedimos a un constructor que les permite a sus clientes ver la casa en construcción o consideró su habilidad antes de comprarle una casa. Del mismo modo, nosotras estamos encargadas de vivir la vida según todas las decisiones y acciones desde todos los ángulos de nuestra vida. Así que tenemos que hacer un recorrido minucioso de la casa, visitar cada habitación y asegurarnos de que nos guste la forma en que se ve desde todos los ángulos. Entonces, seremos capaces de actuar con sabiduría y tomar buenas decisiones que nos den fuerza.

Fuerte en la batalla

_____

1

ATENTA Y
EN GUARDIA

*Practiquen el dominio propio y manténganse alerta. Su enemigo
el diablo ronda como león rugiente, buscando a quién devorar.*

1 PEDRO 5:8

uestro enemigo está al acecho, esperando atraparnos somno-
lientas y desprevenidas. Otra traducción usa las palabras *so-
brios* y *velad* (RVR60). Lo opuesto a sobrio es borracho. Los borra-
chos no son conscientes de lo que sucede de veras a su alrededor. Sus
percepciones y perspectivas son borrosas, lo que lentifica su tiempo
de respuesta y distorsiona su razonamiento. Estar vigilante y alerta
es estar atenta y en guardia, despierta y preparada.

El versículo de 1 Pedro compara al diablo con un león rugiente
que busca presas fáciles para devorar. No nos consume literalmente;
nos devora de otras maneras más sutiles. Aunque son menos ob-
vias, no son menos peligrosas. Devora nuestra alegría, paz, descanso, fuerza, así como ataca nuestra salud, relaciones y pensamientos.
Ruge con acusaciones, a fin de crear un estruendo de confusión.
Creo que Dios usó las imágenes aterradoras de un león hambriento
para ilustrar la determinación y la persistencia de la persecución de
Satanás. Capta con facilidad el olor de la ofensa y la amargura con
tanta certeza como un león detecta a su presa.

Los leones se sienten atraídos por la sangre, y eso proviene de
nuestros lugares heridos. No debemos dejar que nuestras heridas si-
gan sangrando al ignorar el dolor y cubriéndolas superficialmente.

Parte de estar alerta y vigilante significa que llevamos nuestras heridas a nuestro Padre para que las cure. Él las vendará y nos sanará a través del poder de su Espíritu Santo. Estemos atentas incluso con las heridas que parecen pequeñas y poco peligrosas. Cuando las detectamos temprano, podemos mantener nuestra perspectiva y razonamiento para la vigilancia nocturna.

Padre:
Mantenme al tanto con respecto a la actividad del enemigo.
Ayúdame a llevarte mis heridas con diligencia, para que puedas
curarlas. Protégeme, sáname, y enséñame a controlarme
y a estar alerta mientras sigo luchando.

Soy fuerte

CUANDO ESTOY ALERTA, ME OCUPO
DE CUALQUIER COSA QUE ESTÉ MAL.

2

PAZ ENTRE
LOS SEXOS

«Pondré enemistad entre tú y la mujer, y entre tu simiente y la de ella;
su simiente te aplastará la cabeza, pero tú le morderás el talón».

GÉNESIS 3:15

Dondequiera que miremos, parece que vemos una batalla entre hombres y mujeres. Hombres abatidos y enojados, y mujeres heridas y enfadadas, se culpan entre sí por su dolor, y cada uno quiere que el otro haga lo adecuado. Sin embargo, ni los hombres ni las mujeres pueden sanar esos lugares... Solo Dios puede restaurarnos otra vez al jardín de nuestros sueños.

Desde que la serpiente atacó a Eva en el jardín, la batalla profetizada entre la mujer y la serpiente continúa aún (Génesis 3:15). Hijas de Dios, los hijos terrenales de Adán no pueden salvarte de esta serpiente... Se necesitará un Príncipe celestial. El objetivo de la serpiente siempre ha sido el mismo: despojar a las hijas de Eva de su dignidad, fortaleza y honor y, al hacerlo, dejarlas impotentes. Y cuando a las mujeres se les despoja de su dignidad y las degradan, los hombres también se avergüenzan, pues la mujer es gloria del hombre (1 Corintios 11:7).

Quiero que tengas el coraje de ver esta lucha por lo que es en realidad: ¡Una serpiente te está despojando de tu poder, dignidad y ropa! Necesitas ver esto y estar indignada. Solo entonces serás lo bastante valiente como para luchar contra tu verdadero enemigo, y darle tu total lealtad al fiel y verdadero Rey. Entonces, encontrarás prendas para cubrir con esplendor tu desnudez. Te darás cuenta de que no son los hombres ni nuestros esposos contra quienes luchamos, sino contra el enemigo de nuestras almas. Debemos despertar de la pesadilla y comenzar a clamar por la restauración del sueño.

De ese grito en lo profundo de tu alma es del que hablo. Anhelas un amor, una intimidad y una comunión más profundos que los que puede darte un hombre. Anhelas un refugio más seguro que los que se encuentran en la tierra. Clamas por el amor de un Príncipe celestial. Y tengo un secreto que contarte, lo creas o no... Él también te anhela desesperadamente. Él es quien plantó esta semilla de deseo en lo más profundo de tu corazón, y solo Él puede satisfacer tus anhelos.

En nuestra búsqueda de la satisfacción, nos frustraremos a cada momento si seguimos haciéndolo en los lugares equivocados. ¡Los hombres no son tu problema, ni tampoco tu respuesta! Necesitamos levantar nuestros ojos hacia el cielo, porque nuestra ayuda proviene del Señor, creador del cielo y de la tierra (Salmo 121:1-2). Solo en ese momento y lugar encontraremos nuestra fuente de alegría y recuperaremos nuestra fuerza y honor.

Padre:
Cuando sienta la tentación de luchar contra los enemigos
equivocados o de buscar la satisfacción en los lugares
erróneos, recuérdame que mire hacia ti. ¡Tú eres mi
Redentor, la fuente de mi gozo!

Soy fuerte

CUANDO PROMUEVO LA PAZ ENTRE
LOS HIJOS Y LAS HIJAS DE DIOS.

3

LA BATALLA DE LA FALTA DE PERDÓN

Cierto rey [...] quiso ajustar cuentas con sus siervos. Y al comenzar a ajustarlas, le fue presentado uno que le debía diez mil talentos. Pero no teniendo él con qué pagar, su señor ordenó que lo vendieran, junto con su mujer e hijos y todo cuanto poseía, y así pagara la deuda. Entonces el siervo cayó postrado ante él, diciendo: «Ten paciencia conmigo y todo te lo pagaré». Y el señor de aquel siervo tuvo compasión, y lo soltó y le perdonó la deuda.

MATEO 18:23-27, LBLA

El perdón es un acto de sanidad. Nos libera de la amargura y de la culpa. Aun así, el perdón también es un elemento clave en la guerra espiritual. Tu verdadera batalla no es con quien te hiere, sino con el eterno enemigo de tu alma. Cuando perdonamos, le despojamos de una de sus armas, porque los que viven en la falta de perdón son susceptibles a que les ataquen.

El pasaje de hoy nos da más información sobre los oscuros recovecos de la falta de perdón. Ponte en el lugar del siervo. Imagina el terror de ser llevado ante el Rey para saldar una deuda que no puedes pagar. Indefensa por completo y sin esperanza, te postras y le suplicas que tenga paciencia, que de alguna manera y en algún momento le devolverás todo. Entonces, en lugar de aceptar tus términos, el rey tiene misericordia. Sabiendo que nunca podrías pagarle, borra toda la deuda. ¡Eres libre de tu insoportable carga! Te sientes abrumada ante la bondad del rey.

En lugar de seguir el ejemplo de misericordia del rey, recuerdas que hay quienes tienen una deuda contigo. Así que los buscas y les exiges que te paguen, aunque no tengan la misma esperanza de pagarla como tú no la tuviste antes (Mateo 18:28-31). En la parábola de Mateo, el siervo perdonado hace justo esto, y cuando el rey se entera, declara: «Siervo malvado, te perdoné toda aquella deuda porque me suplicaste. ¿No deberías tú también haberte compadecido de tu consiervo, así como yo me compadecí de ti?» (Mateo 18:32-33, LBLA).

En la parábola, el rey es nuestro Padre celestial, nosotras somos el siervo, nuestros hermanos y hermanas cristianos son los consiervos... y el enemigo de nuestras almas está feliz de desempeñar el papel del torturador. Cuando no perdonamos, encarcelamos a otros con las cadenas de la culpa y la condena y, a su vez, nos entregan a los torturadores para que paguemos lo que sabemos que nunca podremos pagar. Creo que esto describe una especie de infierno en la tierra. Todos hemos conocido personas atormentadas por las mismas cosas que se negaron a perdonar en los demás. Cuando nos comportamos de esta manera, terminamos haciendo el trabajo del enemigo en su lugar. Es hora de quitarnos las cadenas los unos a los otros.

Señor:
Revélame a todos los que haya encarcelado con mi falta
de perdón. Decido liberarlos tal como me liberaste tú.

Soy fuerte

CUANDO PERDONO COMO ME HA PERDONADO EL REY.

4

TU REFUGIO

«A sus ángeles mandará alrededor de ti,
para que te protejan».

LUCAS 4:10, RVC

A menudo olvido que tengo la protección angelical, pero no debería hacerlo. Me encantan las imágenes que David nos da en los Salmos: «¡Ten misericordia de mí, oh Dios, ten misericordia de mí; porque en ti ha confiado mi alma, y en la sombra de tus alas me ampararé, hasta que pasen los quebrantos» (Salmo 57:1, RVA).

Dios es nuestra protección. Hace mucho tiempo aprendí que mi capacidad para protegerme era muy limitada. A Dios es a quien debemos correr. Cuelga el teléfono cuando te acusen falsamente, calumnien o solo mientan; cierra tu computadora portátil y corre al refugio de sus alas. Esto lo hago encerrándome en una habitación, poniendo música y adorando. La adoración siempre es una gran respuesta cuando no sabes qué hacer. Cuando estás abrumada por la vida, sean cuales sean las circunstancias, puedes encontrar un refugio esperándote en la presencia de Dios.

No permitas que el enemigo te atrape para defenderte o intentar protegerte; te quedarás corta. Dios nos invita a escondernos en Él hasta que pase la tormenta y podamos ver con claridad.

Todos los refugios inferiores están fuera de la sombra de sus alas. La venganza y la ira nunca son refugios, aunque mentirán y dirán que lo son. Estos falsos refugios deben dejarse de lado, a fin de poder entrar en la presencia de Dios. La defensa y la autosuficiencia son un refugio débil en comparación con Él. Escapar, automedicarse o alejarse son solo medios temporales de alivio, y todos los consejos, la autoayuda o las «soluciones probadas» en el mundo entero no pueden estar a la altura de Él.

Entonces, cuando sientas que los quebrantos están a punto de arrasarte y te sientas emboscada por todos lados, alégrate. Dios está a punto de aparecer y hacer lo que no puedes hacer tú. Dios no solo instruye a sus ángeles que estén a tu alrededor, sino que Él mismo está también a tu disposición. Cuando el enemigo se enfurece, tenemos esta seguridad en Deuteronomio 3:22: «No les tengas miedo, que el SEÑOR tu Dios pelea por ti».

Cuando la batalla sea demasiado grande para ti, acércate a Él.

Señor:

Tú eres mi protección. Me acercaré y adoraré, confiando en que lucharás por mí cuando me vea abrumada.

Soy fuerte

PORQUE ESTOY A SALVO Y PROTEGIDA A LA SOMBRA DE LAS ALAS DE DIOS.

CUANDO ENCUENTRO MI PLENITUD
EN DIOS Y NO EN LOS HOMBRES.

5

ESTAMOS EN UNA BATALLA

Porque nuestra lucha no es contra seres humanos, sino contra poderes, contra autoridades, contra potestades que dominan este mundo de tinieblas, contra fuerzas espirituales malignas en las regiones celestiales.

EFESIOS 6:12

El enemigo trata de engañarnos para que pensemos que luchamos con las personas que vemos, en lugar de con las fuerzas invisibles de las tinieblas. Pablo no nos dice esto para asustarnos, sino para que seamos conscientes de lo que sucede en realidad. Hay todo un reino de las tinieblas contra el que nunca podríamos luchar con nuestras propias fuerzas. Pablo continúa: «Por lo tanto, echen mano de toda la armadura de Dios para que, cuando llegue el día malo, puedan resistir hasta el fin y permanecer firmes» (Efesios 6:13, RVC).

Dios ya proveyó todo lo que necesitamos para permanecer firmes. El hecho de que Pablo repita la orden de armarse me hace pensar que no quiere que seamos casuales con nuestras armas. No quiere que imaginemos que podemos salir a medio vestir y desarmadas, y aun así tener la fuerza para estar firmes. ¿Qué significa mantenerse firmes? Es adoptar una postura de determinación que se niega a retroceder. Pablo continúa: «Manténganse firmes, ceñidos con el cinturón de la verdad, protegidos por la coraza de justicia, y calzados con la disposición de proclamar el evangelio de la paz» (Efesios 6:14-15).

Nos mantenemos firmes con nuestro ser envuelto en la verdad, nuestro corazón y órganos vitales ocultos detrás de la justicia de Cristo, y nuestros pies listos con el evangelio de la paz. Vivimos en un mundo desesperado por la paz. La verdad y la justicia son precursoras de la paz. Comprometer la verdad nos hace perder terreno y ser menos de lo que somos. Cuando luchamos desde un lugar de paz, somos fuertes. En Cristo, la paz se convierte en una forma de calmar tormentas, sanar corazones y restaurar almas.

Padre celestial:
Enséñame a luchar desde ese lugar de paz en ti. Mientras leo tu Palabra, ata la verdad a mi alma de modo que no me rinda.

Soy fuerte
CUANDO ME MANTENGO FIRME
EN LA VERDAD, LA JUSTICIA Y LA PAZ.

6

ESCUDOS Y FLECHAS

Además de todo esto, tomen el escudo de la fe, con el cual pueden apagar todas las flechas encendidas del maligno.

EFESIOS 6:16

Se nos ha dado un escudo que nos protege de cada flecha encendida que nos lanza el maligno. Pablo lo llama el escudo de la fe. Hebreos 11:1 nos dice: «Ahora bien, la fe es la garantía de lo que se espera, la certeza de lo que no se ve». De seguro que no podemos ver esta fe protegiéndonos, pero podemos desarrollarla. La fe viene al escuchar y estudiar la Palabra de Dios. Me imagino la fe como un campo de fuerza. Cuanto más crece nuestra fe, más nos protegemos. La fe puede comenzar con lo que recibimos, pero siempre debe convertirse en lo que podemos dar.

«Tomen el casco de la salvación y la espada del Espíritu, que es la palabra de Dios» (Efesios 6:17). La salvación es el casco que cubre nuestra mente. Muchas veces, cuando era una recién convertida, un pensamiento terrible asaltaba mi mente. Retrocedía horrorizada, preguntándome de dónde había salido. Después de ser salva comencé a reconocer los pensamientos que no eran míos. La salvación trae paz a nuestras mentes, y cuando ataca un pensamiento perturbador o atormentador, ¡tomamos nuestra espada! La Palabra de Dios es nuestra espada del Espíritu. Como hizo Jesús cuando el diablo lo tentó, decimos lo que está escrito para el enemigo de nuestras almas. Cuando ataca a nuestra paz, le devolvemos el golpe con la promesa de Dios en Isaías 26:3: «Tú guardarás en completa paz a aquel cuyo pensamiento en ti persevera; porque en ti ha confiado» (RVR60).

Padre celestial:
Gracias por el don de la fe que me protege del ataque
del enemigo, y por la paz en mi pensamiento y la espada
de tu Espíritu en mi mano.

Soy fuerte

A MEDIDA QUE CREZCO EN LA FE AL LEER, HABLAR Y VIVIR LA PALABRA.

7

LA VERDADERA
BATALLA

Pues aunque vivimos en el mundo, no libramos
batallas como lo hace el mundo.

2 CORINTIOS 10:3

Vivimos en la tierra, pero no podemos batallar de acuerdo con sus métodos. La pregunta no es si vamos a luchar, sino cómo libraremos la batalla. Esta diferencia se capta mejor en nuestro motivo o nuestro «por qué» detrás de la pelea. Siempre debemos luchar en lugar de solo ir en contra. También conocemos una verdad que va más allá de los que libran la batalla según este mundo: La gente nunca es nuestro verdadero enemigo. Sé que hay momentos en que esta verdad se siente como una mentira. Cada una de nosotras puede dar los nombres de quienes nos han hecho daño. Aun así, Dios ama a su pueblo. Jesús lo vino a salvar, por lo que nunca debemos luchar en su contra. Libramos batallas para liberar a los cautivos en lugar de luchar contra los cautivos. Atacamos la fortaleza que los retiene en lugar de la prisión. He aquí la razón: «Las armas con que luchamos no son del mundo, sino que tienen el poder divino para derribar fortalezas» (2 Corintios 10:4).

Se nos han confiado armas con poder divino que son contrarias a las armas de este mundo. Debido a que son más poderosas, debemos ser más cuidadosas. Nunca olvides que nuestras mismas palabras pueden bendecir o maldecir, ¿así que cuánto más lo serán nuestras acciones? Las armas de este mundo matan, mientras que nuestras armas dan vida. Las armas mundanas dividen a las personas, las naciones y las culturas, mientras que nuestras armas de oración nos unen bajo el dominio del reino de Dios. Las armas de esta tierra están destinadas a herir y mutilar a los que vemos como oponentes, mientras que nuestras espadas de doble filo separan la verdad de las mentiras de modo que puedan comenzar la sanidad y la restauración. Las armas de este mundo las crearon los hombres para intimidar y paralizar a otros con el miedo, mientras que nuestro armamento se forjó en el cielo para liberar y fortalecer con valor al cautivo temeroso, a fin de que sea libre para caminar en el propósito de su llamado divino. Atacamos la fortaleza para liberar al cautivo.

Padre celestial:
Cada vez que me encuentre en una batalla, muéstrame por qué
lucho en realidad. Espíritu Santo, recuérdame siempre que
debo golpear la fortaleza en lugar de herir al cautivo.

Soy fuerte

CUANDO BATALLO PARA LIBERAR A OTROS.

8

LUCHA EN LA LUZ

Dios es luz y en él no hay ninguna oscuridad.

1 JUAN 1:5

En el libro de Josué, leemos la historia de una feroz batalla entre el pueblo de Dios y sus enemigos. El Señor estaba luchando justo a su lado. Josué, su líder, debió decidir en algún momento que necesitaban más luz para continuar, así que dijo: «Sol, detente en Gabaón, y tú luna, en el valle de Ajalón». La Biblia nos dice: «Y el sol se detuvo, y la luna se paró, hasta que la nación se vengó de sus enemigos [...] El sol se detuvo en medio del cielo y no se apresuró a ponerse como por un día entero [...] porque el Señor peleó por Israel» (Josué 10:12-14, LBLA).

Al parecer, el elemento que faltaba en esta batalla era la luz, y Dios la proporcionó de manera milagrosa. A la luz del sol podían ver con claridad a sus aliados y a sus enemigos. Sin embargo, en la oscuridad es fácil confundir a un enemigo con un amigo, y romper filas. De la misma manera, ¡en nuestra batalla espiritual necesitamos luz para luchar! Y Dios nos ofrece esa luz en abundancia. Él es el sol en nuestro cielo, disipando la oscuridad que confunde, desconcierta y nos agota la energía. Mientras nuestro enemigo prospera en la oscuridad, nosotros prosperamos y tenemos la victoria a la luz del amor y de la verdad de Dios. «Mira las tinieblas cubren la tierra, y una densa oscuridad se cierne sobre los pueblos. Pero la aurora del SEÑOR brillará sobre ti; ¡sobre ti se manifestará su gloria!» (Isaías 60:2). Al igual que con los hijos de Israel, la oscuridad que nos rodea no nos controla, pues la aurora del Hijo de Dios, el Señor, brilla sobre nosotras. El ejército de Israel debe haber pensado que era imposible detener el anochecer, pero lo que es imposible para los hombres es posible para Dios. Nuestro Dios se ocupa de lo imposible. Él responde: «Sé que ves la oscuridad cayendo sobre la tierra y sobre su gente, pero no tengas miedo, porque yo soy quien te cubre de luz».

Mientras batallas, no mires la oscuridad que te rodea. Recuerda la luz que tienes dentro. Dios continúa brillando y disipando las sombras para ti, aunque te lleve todo el día y toda la noche.

Señor Dios:
Tu luz dentro de mí me fortalece. Brilla sobre mí
hasta que termine la batalla.

Soy fuerte
CUANDO LUCHO PORQUE DIOS ES MI LUZ.

DETERMINADA

*Quédense quietos en sus puestos, para que vean
la salvación que el Señor les dará.*

2 CRÓNICAS 20:17

En este viaje de la vida, querrás renunciar. Llega un momento en la vida de todas cuando solo queremos acostarnos y detenernos. Lo que separa a las que flaquean y fallan de las que experimentan la victoria es su capacidad de volver a levantarse. Hay muchas batallas que solo se ganan sobreviviendo al enemigo. A todas nos derribarán. Esto no lo puedes impedir, pero depende de ti si vuelves a levantarte. Determina perseverar en la fe, incluso cuando no te sientas fuerte. Tus sentimientos te limitarán, porque lo cierto es que no sabes de lo que eres capaz hasta que te muestras. Mientras nos mantenemos firmes, nuestro Señor lucha por nosotras. Será difícil. ¿Cuándo comenzamos a imaginar que podría haber una victoria sin una batalla? ¿Hay una batalla de la que sigues alejándote? ¿Hay algún terreno espiritual del que te has retirado? Dios te está llamando a volver a tu puesto. El que te prometió es fiel. Dios es fuerte y te quiere fuerte. Te revelará su fuerza para poder revelarla a través de ti. Cuando estés cansada, cuando quieras parar, recuerda lo que Él dice en 2 Crónicas 20:17:

> Ustedes no tendrán que intervenir en esta batalla. Simplemente, quédense quietos en sus puestos, para que vean la salvación que el Señor les dará. ¡Habitantes de Judá y de Jerusalén, no tengan miedo ni se acobarden!

El Señor lucha por nosotras. A veces, la victoria llega si seguimos mostrándonos. Ganamos si seguimos amando, dando, sirviendo y aprendiendo. Otras batallas se ganan con canciones. Cuando cantamos la Palabra de Dios, lo hacemos con la espada del Espíritu. Cuando oramos sus promesas, cantamos una oración. Algunas batallas se ganan en silencio y rindiéndonos a Él. Estamos tan seguras de que Dios es bueno y hace el bien que solo sonreímos con confianza, sabiendo que es así. Cuando salimos con su fuerza, podemos enfrentar cualquier cosa que nos depare la vida: desánimo, agotamiento o una oposición abierta. Se nos dice: «No temas, porque yo estoy contigo; no te angusties, porque yo soy tu Dios. Te fortaleceré y te ayudaré; te sostendré con mi diestra victoriosa» (Isaías 41:10).

Dios todopoderoso:
Permaneceré firme en tu fidelidad mientras luchas por mí.
Elijo la determinación y la perseverancia todos los días,
hasta que se gane la batalla.

Soy fuerte

CUANDO ME LEVANTO CONFIADA EN QUE EL SEÑOR MI DIOS LUCHA POR MÍ.

SEGURA Y PROTEGIDA

*El SEÑOR es refugio de los oprimidos, es su
baluarte en momentos de...*

... ¿Cómo
... Por qué eres tú así?

... es una persona importante para... amigos... ti. A... recibir
... espíritu...

... Nunca... abusan de
ti o te maltratan. Así como... cuidan, aman y protegen a sus
hijas, tu seguridad es muy importante para tu Protección celestial.

Tu Padre celestial nunca quiere que te maltraten. Quiere que te
protejas y te fortalezcas. No te dejes intimidar por otras personas
ni sufras por tus propias malas decisiones. Él estará allí para respaldarte mientras tomas tu posición. Nunca imagines que Él haría
caso a los como: «Te lo buscaste» al estar allí» o «Te lo buscaste
... ». Nunca diría esas cosas. Él diría: «¡Sal, vuelve a casa y
sálvate». Tienes todo el derecho de usar tu voz para denunciarles el
abuso a las autoridades correspondientes.

Fuerte en la gracia

TU PASADO NO ES TU FUTURO

Jesús se incorporó de nuevo y le dijo a la mujer:

—¿Dónde están los que te acusaban? ¿Ni uno de ellos te condenó?

—Ni uno, Señor —dijo ella.

—Yo tampoco —le dijo Jesús—. Vete y no peques más.

JUAN 8:10-11, NTV

inguna de nosotras está libre de pecado, y muy a menudo nos acostamos con los hombres, la religión o el mundo para nuestra afirmación. Sin embargo, estos siempre nos decepcionarán. Al final, el pecado y la religión te traicionarán. En Juan 8, Jesús le dio dignidad, poder y honra a una mujer sin nombre que se había convertido en un espectáculo público. Jesús miró más allá de lo obvio y se negó a reconocer su estado actual como su condición permanente. En esencia, le dijo: «¡Tu pasado no es tu futuro! ¡Vete y no peques más! El pecado fue tu pasado, pero la santidad es tu futuro. La esclavitud fue tu pasado, pero la libertad es tu futuro. La vergüenza fue tu pasado, pero la dignidad es tu futuro. La desnudez fue tu pasado, pero los vestidos de esplendor son tu futuro».

Jesús hace mucho más que perdonar a esta mujer... la envía en libertad. En el perdón es donde comienza la libertad. Liberadas de las ataduras del pecado, la gracia nos mueve hacia adelante para que el pecado no nos atrape de nuevo. Primero, Jesús nos prodiga misericordia, después nos fortalece con la gracia. «Así el pecado no tendrá dominio sobre ustedes, porque ya no están bajo la ley, sino bajo la gracia» (Romanos 6:14).

La misericordia se ocupa de lo que hemos hecho y la gracia nos da el poder para caminar de una manera que honre lo que Jesús hizo a nuestro favor. La misericordia y la gracia de Dios nos dan poder para dejar atrás nuestra vida pecaminosa y dar un paso hacia *su* futuro y esperanza.

Se nos ha dado la gracia. Se rompió el poder de nuestra antigua esclavitud. Es hora de tener más fe en las palabras de Cristo, nuestro libertador, que en el poder de las cadenas. El dominio de estas no es tan grande como la declaración de Él sobre ti. ¡Atrévete a creer y deja atrás las sombras de tu pasado!

Padre celestial:
Gracias por perdonarme y honrarme con un futuro. Creo más en tus palabras de luz que en las mentiras de las tinieblas.

Soy fuerte
PORQUE MI PASADO NO ES MI FUTURO.

2

PERDONADA

Sean bondadosos y compasivos unos con otros, y perdónense mutuamente, así como Dios los perdonó a ustedes en Cristo.

EFESIOS 4:32

Había acumulado una abrumadora cantidad de pecados y ofensas en mi historial cuando al fin me convertí en cristiana. Cuando mi esposo, John, me guio en una oración de salvación, me hizo repetir después de él: «Señor, confieso mis pecados».

Me asusté. «¡No sé si puedo recordarlos todos!». Temía que mi salvación se perdiera debido a mi falta de memoria.

«No tienes que nombrar cada uno; solo confiesa que has pecado», me aseguró John. Me consolé porque estaba segura de que Dios llevaba un registro mucho mejor que el mío. Sabía que era una pecadora y sabía que necesitaba misericordia. Necesitaba el perdón y lo recibí por la gracia de Dios.

Sin embargo, no había avanzado mucho en mi caminar cristiano cuando me encontré en un estado de falta de perdón con otros cristianos, o debería decir compañeros de servicio. Sentí que me debían algo parecido a una disculpa. Permití que esto me carcomiera. Durante ese tiempo experimenté mucha guerra espiritual. Me sentí como un blanco, porque lo era. A pesar de que era cristiana, había caído presa de los planes del diablo. Pasaba mucho de mi tiempo en oración atando y soltando, pero todo era en vano. Estaba atada con cuerdas de mi propia fabricación. Cuando por fin vi la verdad, me di cuenta de que no importaba lo que me hicieran. No importaba si yo tenía razón y los demás estaban equivocados. Todo lo que importaba era la obediencia al mandato del Señor de perdonar como me perdonaron a mí.

Estaba abrumada por el alcance de mi propio engaño. Pensaba que tenía mucha razón, cuando lo cierto era que estaba muy equivocada. Al darme cuenta de esto, perdoné con entera libertad y clamé al Señor para que me lavara de nuevo en el río purificador de su misericordia y, por supuesto, Él lo hizo. Permíteme decirte que estuve atada y me liberé, y la liberad es mejor. No importa cuánto orgullo tengas que tragar, la libertad es mejor.

Padre celestial:
Revélame cualquier engaño y falta de perdón en mi vida.

Soy fuerte
PORQUE ME PERDONO A MÍ MISMA Y A LOS DEMÁS.

3

MISERICORDIOSA

La discreción del hombre le hace lento para la ira,
y su gloria es pasar por alto una ofensa.
PROVERBIOS 19:11, LBLA

E l escritor de Proverbios nos dijo que nuestra «gloria» es pasar
por alto una falta o una ofensa. Pasar por alto una ofensa, es
honor, alabanza, eminencia y distinción para una cristiana. Es un
ejemplo de que actuamos a la manera de Cristo.

Solo es posible pasar por alto los insultos, las heridas y las ame-
nazas si primero nos comprometemos con nuestro Padre, el Juez justo. A menudo, cuando mis hijos tienen algún tipo de desacuerdo, apelan
a nuestro sentido de la justicia. «No está limpiando lo suficiente»
o «Ha estado en la computadora demasiado tiempo». Quieren que
se escuche su causa y, con suerte, salirse con la suya, y después ver
que se haga justicia. John y yo intervenimos y mediamos lo mejor
posible, pero con frecuencia piensan que nuestras decisiones no son
justas. Esto puede llevar al desastre de que tomen el asunto en sus
propias manos. No me refiero a la solución de conflictos; nosotros
alentamos a eso. Es a la venganza. «¿Por qué le pegaste a tu hermano?». «Porque él...». Ya has escuchado la lista antes. Cuando les
decimos que nos traigan el problema en lugar de golpear, a menudo
escuchamos: «Pero la última vez no hiciste nada». Lo que se traduce
como: «Decidí que no me gustó la forma en que lo manejaste; por
lo tanto, no me arriesgaré esta vez. ¡Yo me haré cargo del asunto!».

John y yo somos los primeros en admitir que cometemos errores
como padres, ¡pero la buena noticia es que Dios no los comete! Él es

un Juez justo y perfecto. Es posible que sus decisiones no sean en el momento ni de la manera en que sugerimos, pero sus caminos son perfectos, mientras que los nuestros son defectuosos. Cuando pasamos por alto una ofensa, somos como niños confiados que dicen: «Padre, sé que puedo confiar en ti con esto. Es demasiado grande y doloroso para mí. Me niego a contraatacar; en su lugar, lo pongo a tus pies y perdono». Este es un magnífico gesto. Así es que imitamos al Hijo de Dios en nuestra vida terrenal. Jesús les dijo a sus discípulos: «Si [tu hermano] peca contra ti siete veces al día, y vuelve a ti siete veces, diciendo: "Me arrepiento", perdónalo» (Lucas 17:4, LBLA).

Habrá ofensas que cada una de nosotras tendrá que pasar por alto. Pasar por alto es mirar por encima de algo; es elegir ver las cosas en un nivel superior al que se cometió la ofensa. Es extender la gracia y la misericordia cuando prefieres ejercer el juicio.

Señor:
Haz que sea misericordiosa con los demás, en lugar de
obsesionarme por las ofensas. Permite que pueda reflejar
tu gracia y compasión en todo lo que hago.

Soy fuerte

CUANDO SOY TAN MISERICORDIOSA CON LOS DEMÁS COMO DIOS LO ES CONMIGO.

4

CRECIMIENTO EN LUGAR DE CULPA

No hay ahora condenación para los que están en Cristo Jesús.

ROMANOS 8:1, LBLA

¿Por qué somos tan duras con nosotras mismas? ¿Qué creemos que lograremos? Solía ir a la cama todas las noches y recitar una lista mental de todas y cada una de las fallas del día. Me castigaba con eso, culpándome con la vergüenza de cualquier error recordado en un intento de pagar una penitencia por mis faltas. Puedes terminar el día decepcionada y molesta contigo misma e imaginar que, al castigarte, de alguna manera saldrás cambiada y diferente. Sin embargo, esto no es cierto. Ese patrón es más destructivo que constructivo.

No está mal darse cuenta de que cometiste errores ni en desear haber hecho las cosas de manera diferente. Es saludable permitir que el Espíritu Santo te traiga a la mente palabras y acciones erradas. Aun así, esta reflexión es para el crecimiento, no para la culpa. Cada noche me reprendía con los fracasos del día hasta que me sentía asfixiada por su peso. Solo entonces me permitía orar y pedir perdón. No obstante, en ese momento la culpa me tenía tan controlada que me resultaba difícil creer que la misericordia de la mañana siguiente sería suficiente para cubrirla.

Por ejemplo, si estaba decepcionada con la forma en que había tratado a mis hijos durante el día, me presionaba al atacarme con preguntas como: «¿Por qué eres tan impaciente?».

En lugar de buscar formas en las que pudiera ser más paciente, me calificaba como un fracaso, lo que solo servía para que me preparara para volver a fracasar.

El desprecio y la ira hacia una misma crean un patrón destructivo de culpa.

Jesús entendió que el peso de la culpa era demasiado para que la soportáramos, así que la cargó en nuestro lugar. Nuestras faltas se deben llevar a la luz de su Palabra. Allí encontramos consejo y entendimiento, en lugar de acusación y culpa. Lo que revela la luz también tiene el poder de sanar. La culpa es oscuridad; la misericordia es luz. En lugar de practicar nuestros errores, practiquemos las respuestas que los corrigen.

Amado Padre celestial:
Perdóname por reprenderme y agobiarme. Permite que la luz
de tu Palabra impregne mi corazón con la verdad. Ayúdame
a dejar de juzgarme y a aceptar tu misericordia.

Soy fuerte
PORQUE ELIJO EL CRECIMIENTO
EN LUGAR DE LA CULPA.

5

EL JARDÍN
DEL CORAZÓN

*Mirad bien de que nadie deje de alcanzar la gracia de
Dios; de que ninguna raíz de amargura, brotando, cause
dificultades y por ella muchos sean contaminados.*

HEBREOS 12:15, LBLA

*C*uando era niña, a menudo me asignaban la tarea de arrancar las malas hierbas. Siempre tenía prisa por hacer el trabajo y terminarlo para poder jugar. Por mi descuido, solía arrancar la parte superior de la mala hierba en lugar de arrancarla de raíz. Tenía que agujerear la tierra para agarrarla desde la base, y no quería meterme en eso. Pensaba que sin el tallo y las hojas la planta moriría, y mi madre nunca sabría lo que había bajo tierra. Rastrillaba la tierra sobre los tocones nudosos y me marchaba. Unas semanas más tarde, otra mala hierba estaría en su lugar. Era más pequeña que la original que arranqué, pero esta vez poseía un sistema de raíces increíblemente terco. Mi madre me mostró cómo ahora haría falta cavar alrededor de la base de la planta y dejar al descubierto suficiente raíz para sacarla con fuerza. Lo que comenzó como una tarea fácil se convirtió en una batalla tediosa.

¿Con qué frecuencia hacemos lo mismo con los jardines de nuestro corazón?

Satanás anhela plantar semillas de desesperanza, malos pensamientos o enojo en nosotras hasta que la raíz de amargura ahogue las nutritivas semillas de la Palabra de Dios.

Las malas hierbas crecen más rápido y con más facilidad que las plantas. Se trata de plantas silvestres que se dispersan libremente, adaptándose a cualquier tipo de suelo que encuentren. Por otro lado, las fértiles semillas de frutas o verduras deben cultivarse con sumo cuidado, y es muy fácil que las ahoguen las malas hierbas de los alrededores o las malas condiciones del suelo.

Las raíces de amargura brotarán en los momentos más inoportunos, cuando es más inconveniente lidiar con ellas. Aunque sean inconvenientes, no deben ignorarse, pues se volverán terribles si no se abordan. No te dejes engañar para permitir que permanezcan sin control, y nunca rompas la parte visible pensando que desanimará a la raíz. No lo hará; solo servirá para fortalecerla. Con demasiada frecuencia estamos satisfechas con la simple ilusión de que todo está bajo control, en lugar de permitir que el Espíritu Santo haga un trabajo profundo en nosotras.

Así que seamos jardineras vigilantes. Si detectamos amargura en nuestro corazón (trata de surgir en cada temporada), podemos llevársela al Maestro Jardinero, quien nos ayudará a dejar al descubierto el sistema de raíces para destruirlo. Si su Palabra se hunde en lo hondo del suelo de nuestros corazones, cultivaremos una hermosa cosecha.

Padre:
Ayúdame a ser diligente en el cultivo de mi alma, sin que tema
dejar al descubierto las raíces de amargura que puedan crecer
en mí. Alértame de cada pequeño brote, y dame el poder de tu
fuerza para arrancar de raíz lo que no le pertenece.

Soy fuerte

CUANDO CUIDO MI CORAZÓN

COMO UN JARDÍN.

6

LA CAJA DEL JUICIO

«No juzguen a nadie, para que nadie los juzgue a ustedes.
Porque tal como juzguen se les juzgará, y con la medida
que midan a otros, se les medirá a ustedes».

MATEO 7:1-2

A casi todas nosotras nos gustan las cosas en cajas ordenadas. Nos sentimos más cómodas si sabemos lo que cabe en cada compartimento. Si no podemos meter algo o a alguien en nuestras cajas, a menudo emitimos juicios. No obstante, eso dice más sobre nosotras que sobre la persona a la que juzgamos. Aún recuerdo los pensamientos que me atormentaron debido a una situación que se presentó cuando tenía pocos años de cristiana. Lo cierto es que no podía ordenarlos con esmero.

Había una pareja cristiana que testificó con franqueza cómo Dios los unió en matrimonio. Habíamos pasado tiempo con ambos y sabíamos que amaban de manera genuina a Dios y a su pueblo. De repente, hubo todo tipo de rumores desagradables, y antes de que te dieras cuenta, estaban en medio del divorcio. No hubo adulterio; solo parecía que no eran compatibles. En realidad, esto me desconcertó. Estaba luchando con problemas en mi matrimonio y confiaba en que Dios los resolvería, pues estaba segura de que Él nos había unido a John y a mí. Sin embargo, esta pareja, que también dijo que los unió Dios, se dio por vencida.

Esto estremeció mi confianza en que Dios podía hacer algo en mi matrimonio. Me sentí obligada a encontrar algún tipo de defecto en la pareja. Si lograba descalificarlos, podría meterlos en una caja.

Llevé mi confusión interior a un consejero de confianza, esperando una larga y bien pensada respuesta bíblica. Entonces, en lugar de eso, suspiró y dijo: «Esa es una pregunta difícil. Me alegro de no tener que juzgarla».

De inmediato, sentí que se me quitaba de encima el peso de la situación. Sus sencillas palabras me liberaron de mi carga. Tenía razón. Yo había permitido que Satanás provocara mi corazón para juzgar a los demás y me hizo dudar de la fidelidad de Dios. Había medido mi matrimonio por el de la pareja y había limitado a Dios a lo que pensaba que no había hecho a su favor. Había juzgado por miedo.

A menudo, juzgamos para protegernos de heridas o críticas, pero lo cierto es que todas y cada una de nosotras somos culpables. El versículo después del pasaje de hoy dice: «¿Por qué te fijas en la astilla que tiene tu hermano en el ojo, y no le das importancia a la viga que está en el tuyo?» (v. 3).

Jesús nos recuerda que debemos quitar la astilla del juicio, a fin de poder ver con claridad, y ayudar de veras a los demás y a nosotras mismas. Cuando no podamos colocar a otros en nuestras cajas, examinemos nuestros propios corazones y estemos agradecidas de que nuestra tarea no es la de juzgar.

Padre:
Cuando juzgue a otros, recuérdame que la misma medida de
juicio que uso con ellos se usará conmigo. Ayúdame a sembrar
misericordia, porque necesito misericordia.

Soy fuerte

PORQUE VIVO LA VIDA FUERA DE LA CAJA DEL JUICIO.

7

CONFIESA
Y LIBÉRATE

Si confesamos nuestros pecados, Dios, que es fiel y justo,
nos los perdonará y nos limpiará de toda maldad.

1 JUAN 1:9

Hay mucha libertad en esta promesa. Cuando confesamos nuestros pecados, Él no solo perdona, sino que nos purifica de las consecuencias de nuestras decisiones. ¿Por qué tratamos de cambiar la culpa con excusas? He aprendido que una vez que reconoces un pecado, ya no le perteneces. No hay razón para participar en el juego de la culpa cuando Jesús cargó con nuestra culpa; confesamos y seguimos adelante.

Primero, hablemos de confesar. Cuando era niña, había un comediante llamado Flip Wilson que interpretaba a un personaje llamado Geraldine, que siempre tenía esta excusa: «¡El diablo me obligó a hacerlo!». Podemos ser creativos con nuestras excusas, pero lo cierto es que el diablo no puede obligar a nadie a que haga algo que no quiera hacer. Creo que hay otra manera de que sin querer cambiemos la culpa y demos excusas. Es cuando decimos: «No pude evitarlo» o «No pude controlarme». Es cuando contradecimos a Dios, quien declara que todo lo podemos en Cristo que nos fortalece y que el pecado no tendrá dominio sobre nosotras. Puede que no lo digamos con la boca, pero lo más probable es que lo digamos con nuestro estilo de vida. El arrepentimiento dice: «Lo hice, me arrepiento y me dirijo a ti, Señor, para que me laves y limpies».

Después que confesamos nuestros pecados, llega un paso aún más difícil: soltarlos. Debes liberarte. Esto es crucial porque es un factor clave para tu salud emocional, física y espiritual. Nada bueno viene de tratar de castigarte por algo que Dios perdonó y olvidó. Si Él llevó tus pecados tan lejos de ti como lo está el oriente del occidente (Salmo 103:12, NTV), no tiene sentido que los saques a relucir.

La bondad y la misericordia de Dios es lo que nos lleva al arrepentimiento. Esto va en contra de todo lo que está arraigado en nosotras. Queremos pagar; entonces, nos sentiremos liberadas de nuestra culpa. Crecí con la idea de lo que me decían: «Creeré que te arrepientes cuando cambies». Sin embargo, Dios extiende su misericordia cuando no la merecemos, a fin de que podamos cambiar. La misericordia es cuando no recibimos lo que merecemos. Este es un concepto que a casi todas nosotras nos resulta difícil de entender. Nos sentimos más cómodas con las reglas de «ojo por ojo» y «diente por diente». La ley, nuestro enemigo y el acusador en nuestra cabeza siempre pedirán juicio, mientras que el Espíritu concede misericordia. Acepta esa misericordia, amiga. Acepta el camino de Dios hacia la libertad del pecado.

Señor:
Revélame todas las formas en las que me estoy resistiendo
a tus provisiones para la libertad del pecado. Muéstrame
dónde tengo que confesar y soltar.

CUANDO CONFIESO MIS PECADOS Y ACEPTO LA MISERICORDIA QUE NO MEREZCO.

8

EQUIPADA PARA VIVIRLO

Todo aquel que odia a su hermano es homicida, y ustedes saben que ningún homicida tiene vida eterna permanente en él.

1 JUAN 3:15, RVC

Hay demasiado odio en nuestro mundo. Es hora de que nos tomemos en serio este versículo. El que odia a su hermano es un... ¿qué? El asesinato entra por la puerta del odio. En primer lugar, este pasaje comienza dirigiéndose a «todo aquel», y en todo aquel se incluye a cada una de nosotras. No hay ninguna cláusula de excepción que diga: «Queda excluida cualquiera que recibió de veras el maltrato de su hermano o hermanos». Cuando leemos a quien sea, cualquiera o todos, significa que la Escritura se ajusta a cada una de nosotras. No tenemos una cláusula de excepción.

Ahora bien, he aquí las buenas noticias: Esta es una oportunidad para que ganemos fuerza y crezcamos en la gracia. Al someternos a su Palabra, Él nos equipará para vivir la verdad. Este versículo dice que quien odia a su hermano es homicida. No hay forma de evitarlo, eso es fuerte. No quiero que me llamen homicida. Sin embargo, ha habido momentos en mi caminar cristiano en los que encontré el odio escondido en los oscuros recovecos de mi corazón. ¿Significa esto que estoy condenada por la eternidad al igual que un forajido o incluso un asesino? No, si me arrepiento y me niego a permitir que la oscuridad permanezca y crezca sin control.

Hemos experimentado la poderosa y misericordiosa gracia de Dios que nos cubre. No hay pecado demasiado oscuro ni atroz que Él no vaya a perdonar. Dios perdona a los asesinos que se arrepienten.

Vemos la vida desde la perspectiva del reino, más que desde la perspectiva de nuestro terrenal sistema judicial. Ya no somos simples ciudadanas de esta tierra, porque la Escritura nos dice: «Ustedes ya no son extraños ni extranjeros, sino conciudadanos de los santos y miembros de la familia de Dios» (Efesios 2:19).

Nos regimos por los caminos más elevados del cielo y respondemos a estos en lugar de hacerlo a las leyes y tribunales de esta tierra. El cielo no se rige por reglas y regulaciones externas grabadas en piedra; nos transforma por el código secreto escrito en nuestro corazón. Las reglas vacías y sin vida son para corazones duros y muertos. La ley de la libertad es para los corazones de carne. Por eso en los tribunales de la tierra hay que matar para cometer un asesinato, pero en el reino, el simple odio nos convierte en homicidas. Es hora de que nos ocupemos de cualquier odio oculto en nuestros corazones y le hagamos frente al espíritu de asesinato.

Padre celestial:
Revélame cualquier aspecto de odio en mi corazón.
Renuncio a esto como lo haría al pecado de homicidio.
Perdóname así como yo los perdono a ellos.

Soy fuerte

CUANDO DEPENDO DEL PODER, DE LA MISERICORDIA Y DE LA GRACIA SOBRENATURALES DE DIOS.

9

SIN CONDENACIÓN

Jesús le dijo: «Tampoco yo te condeno.
Vete, y no peques más».

JUAN 8:11, RVC

Estas son las palabras que nuestro Señor les dice a las mujeres que, por supuesto, son culpables.

Lo lamentable es que la ofensiva más cruel que Satanás lanza contra las hijas de Eva la hace a menudo bajo el disfraz de la religión. En Juan 8 vemos con claridad la crueldad de la ley y de la religión, y la belleza de la misericordia y del amor de Dios. Visitemos juntas esta escena y quizá la veamos bajo una luz diferente.

En la tenue luz de la madrugada, una gran multitud espera para escuchar a un joven rabino llamado Jesús. Él es muy diferente. Cuando habla, escuchas las palabras de Dios el Padre.

Al primer rayo del alba, Jesús aparece con sus discípulos. Después de saludar a algunos de la multitud, se sienta a enseñar. Escuchan de manera atenta, con sus corazones pendientes de cada palabra. Sin embargo, hay una perturbación en el horizonte.

Por encima de las cabezas de Jesús y sus discípulos, se acerca otro grupo. Por sus voces enfadadas y sus oscuras siluetas se ve que luchan con alguien. Se trata de los líderes religiosos que arrastran a una mujer desaliñada que se agarra a un resto de tela, intentando ocultar su desnudez. Es obvio que la sacaron a rastras de un lecho de vergüenza. El hombre, sin embargo, no está a la vista.

Le dicen a Jesús: «Maestro, a esta mujer se le ha sorprendido en el acto mismo de adulterio. En la ley Moisés nos ordenó apedrear a tales mujeres. ¿Tú qué dices?» (Juan 8:4-5).

¿Qué le diría Jesús a una mujer así? Al principio, no está dispuesto a mirarla ni a responderles. Se inclina y escribe en el suelo.

Luego, solo se dirige a los acusadores, desafiando al que no tiene pecado a que arroje la primera piedra. Uno a uno, los hombres se van. Se van hasta que solo quedan Jesús, la multitud y la mujer obviamente culpable. Aunque Jesús no tiene pecado, se negó a arrojarle una piedra a esta mujer. Solo Él es el juez justo que vino a salvarla en lugar de condenarla.

Jesús guarda silencio hasta que se marchan todos los acusadores. Jesús se endereza y le pregunta:

—Mujer, ¿dónde están? ¿Ya nadie te condena?

—Nadie, Señor —[responde].

—Tampoco yo te condeno —[declara Jesús]—. Ahora vete, y no vuelvas a pecar (Juan 8:10-11).

La mujer levanta la cabeza y se encuentra con su mirada. En sus ojos ve perdón, amor y hasta dolor. Ya no es hija de la muerte y las tinieblas, sino de la vida y la luz.

Cuando la serpiente arrastra nuestra vergüenza y nos acusa, podemos mirar esos mismos ojos y saber que Él no nos condena. Su misericordia nos defiende, y su gracia nos dice: «Ahora vete, y no vuelvas a pecar».

Señor:
Gracias por defendernos cuando no podíamos hacerlo nosotras mismas. Gracias por salvarnos en lugar de condenarnos.

Soy fuerte

**CUANDO DEJO QUE EL SALVADOR
ME DEFIENDA ANTE EL ACUSADOR,
Y LUEGO ME LEVANTO DE MI VERGÜENZA.**

Fuerte en el
dominio propio

ESCUCHA CON ATENCIÓN

No te apresures, ni con la boca ni con la mente, a proferir ante Dios palabra alguna; él está en el cielo y tú estás en la tierra. Mide, pues, tus palabras.

ECLESIASTÉS 5:2

Las Escrituras tienen mucho que decir sobre el poder de nuestras palabras y el control de nuestra boca. Sin embargo, también es importante prestarle atención al poder de escuchar. Para escuchar se requiere disciplina, tiempo y paciencia. Significa que hacemos las preguntas que nos ayudarán a entender lo que se dice, a fin de que podamos profundizar más. Es muy importante que la gente sienta que la escuchan.

Esto requiere luchar contra la tentación de dar por sentado lo que piensan otras personas; es posible que nos sorprendan. Creo que la cita dice: «Todos los que conoces tienen algo que enseñarte». Crecemos cuando somos aprendices constantes. No escuches para poder hablar; escucha para poder aprender. Resiste el impulso de formular tu respuesta mientras la otra persona sigue hablando (como hacen las parejas en las peleas). Hay algo muy honorable en escuchar de verdad el corazón de alguien. La gente sabe cuándo no estás escuchando. Viajo mucho y Dios me da varias oportunidades para testificar de su amor y luz en un vuelo; la conversación siempre comienza con escuchar. La gente escuchará lo que tienes que decir si escuchas lo que te tiene que decir. Escucha sus necesidades, penas y pensamientos. Luego, pídele al Espíritu que hable a través de ti.

Escuchar con atención a los demás también puede despertar algo dentro de ti. No nos perdamos lo que podríamos aprender por ser demasiado rápidas para decir lo que ya sabemos.

Proverbios nos advierte: «El que mucho habla, mucho yerra; el que es sabio refrena su lengua. Plata refinada es la lengua del justo; el corazón del malvado no vale nada» (10:19-20). La mejor plata se refina en el fuego. Cuando permitimos que el fuego de la Palabra de Dios purifique nuestra conversación, las impurezas y las indiscreciones se eliminan de nuestras conversaciones. El libro de Santiago nos anima a ser lentas para hablar. En muchas ocasiones me he librado por contenerme en lo que estaba a punto de decir. Cuanto más escucho, más lenta soy para hablar.

Incluso, en una conversación con Dios, se nos anima a ser de pocas palabras. Él está en el cielo mientras que nosotras solo somos habitantes de la tierra. Una parte integral del temor o respeto a Dios es saber cuándo hablar y cuándo escuchar. Aprendemos escuchando, no hablando. Esto significa que tu vida de oración debe incluir tiempo para escuchar. No existe tal cosa como un silencio incómodo con Dios. Haz una pausa. Escucha a Dios y a las personas que Él pone en tu camino, y serás más fuerte.

Señor:
Ayúdame a escuchar lo que la gente dice en realidad y a responder según me dirijas tú. Instruye a mi corazón para escuchar tu voz todos los días.

Soy fuerte

CUANDO ESCUCHO CON ATENCIÓN A DIOS Y A LOS DEMÁS.

2

CONTROL
DEL APETITO

---

*Todas las cosas me son lícitas, pero no todas son de
provecho. Todas las cosas me son lícitas, pero yo
no me dejaré dominar por ninguna.*

1 CORINTIOS 6:12, LBLA

Lo admito: He desarrollado un apetito por el chocolate negro y el
café. De vez en cuando me pregunto si todavía anhelaría un buen
chocolate negro si nunca lo hubiera probado. ¿Y el café? Si nunca
hubiera mezclado una cucharada colmada de helado de café *Breyer*
en mi taza de café y espolvoreado canela encima en un intento desesperado por mantenerme despierta una mañana, ¿aún se me antojaría
un café moca con leche?

¡Por supuesto que no! Y no sabría lo que me estaba perdiendo.
No habría desarrollado el gusto por estas deliciosas cosas. Siempre
y cuando solo conociera el café como un líquido espeso, negro y
amargo, lo despreciaría. Siempre y cuando el chocolate solo estu-
viera en forma de blanco o de leche, no tendría problemas para re-
sistirlo. En realidad, ¡no hay lucha! No lucho contra mis ocasionales
deseos de chocolate ni con mi ritual matutino de café saborizado...
¡los satisfago! No son mis amos, sino parte de un ritual de relax que
me place. Puedo pasar una semana o más sin chocolate negro y nadie saldrá lastimado. No seré gruñona, pero lo disfruto cuando lo
tengo. En cuanto al café, si quiero despertarme de repente en lugar
de salir con lentitud de la niebla, me lo bebo.

No obstante, ¿qué pasaría si permitiera que mi disfrute de ellos anulara mi deseo de otros alimentos saludables? ¿Qué pasaría si decidiera que el placer sensual (proporcionado por el chocolate negro) y el estado elevado de conciencia (proporcionado por el café) fueran más importantes que cualquier otro sentimiento en mi vida? Entonces, tal vez las verdes ensaladas mixtas ya no tendrían ningún atractivo, pues no me harían sentir lo mismo que el chocolate. Tal vez todas mis otras opciones de comida y bebida parecerían aburridas y mundanas.

¿Qué pasaría si me alejara de la realidad y durante dos semanas solo existiera por los méritos del chocolate y del café? Estaría feliz, delgada y despierta... al menos por un tiempo. Luego, todo se desequilibraría y tendría que volver a controlar mi apetito.

Mi punto es que desarrollamos nuestros propios apetitos y deseos. Ya sea por comida, sexo, entretenimiento o redes sociales, cualquier apetito puede volverse lo bastante adictivo como para desplazar la realidad y desequilibrarnos. Por eso debemos ser fuertes y tener dominio propio en lugar de que nos controlen nuestros apetitos. Tenemos el poder de aumentar o disminuir sus influencias por la importancia que les asignamos.

Padre celestial:
Muéstrame cómo evaluar mis apetitos para que no se desequilibren.
Dame la sabiduría para saber cuánto es demasiado de cualquier
cosa en mi vida, de modo que no sea esclava de nada.

Soy fuerte

PORQUE DOMINO MIS APETITOS Y ESTABLEZCO
SU EQUILIBRIO EN LUGAR DE PERMITIRLES
QUE ME CONTROLEN.

3

ESTÁ BIEN
ENOJARSE

Enójense, pero no pequen.

EFESIOS 4:26, RVC

La primera parte de Efesios 4:26 es bastante fácil: «Enójense». Puedo lograr esto sin intentarlo siquiera. Dios nos dice que nos enojemos, pues está bien enojarse. El enojo es una emoción humana tan válida como la alegría, la tristeza, la fe y el miedo. Incluso, lo cierto es que Dios se enoja con bastante frecuencia. El Antiguo Testamento registra varios cientos de referencias de su enojo contra Israel y otras naciones.

Cuando se reprime una emoción porque no está validada, a la larga se expresará de manera inapropiada. En cambio, si una emoción se expresa sin restricción, el pecado le pisará los talones. Dios mismo valida el enojo humano. Sin embargo, la mayoría de nosotras ni siquiera lo entendemos. ¿Es lanzarles cosas, gritarles y chillarles a nuestros seres queridos? ¿Es guardarles rencor por un trato traicionero? No, estos son ejemplos de expresiones inapropiadas del enojo. Existe una delgada línea entre el enojo y el pecado.

El diccionario *American Heritage* define el enojo como «un disgusto fuerte, casi siempre temporal, sin especificar una forma de expresión». Está bien sentir un disgusto intenso o fuerte por un evento o por las acciones de alguien: desagrado, disgusto o enojo. Estos sentimientos son comunes a todas nosotras y pueden ocurrir a diario. La parte de «pero no pequen» es la que requiere algo de trabajo. Sería un error esperar las mismas reacciones de un niño pequeño que las de un adulto. A medida que maduramos, también debería hacerlo nuestra capacidad de ejercer el dominio propio. No es malo sentirse molesta, pero está mal castigar a otras personas porque nos sentimos molestas. Como cristianas, ya no solo nos representamos a nosotras mismas. Somos las representantes de Dios, lo que significa que debemos dar un paso atrás y considerar cómo nuestras reacciones afectan a los demás. Ninguna de nosotras puede controlar lo que nos sucede, pero todas tenemos el control de cómo elegimos responder.

Señor:
Ayúdame, por favor, a controlar bien mis emociones, con la madurez y la gracia que es apropiada para una hija tuya. Muéstrame la delgada línea entre el enojo y el pecado, y guíame con tu Espíritu cuando me acerque demasiado a ella.

Soy fuerte

PORQUE ELIJO LO QUE HAGO CON MI ENOJO.

4

CUIDA TUS
PALABRAS

*Todos cometemos muchos errores. Quien no comete
errores en lo que dice, es una persona perfecta, y
además capaz de dominar todo su cuerpo.*

SANTIAGO 3:2, RVC

En los versículos 3 y 4, el libro de Santiago continúa ilustrando la importancia de controlar la lengua:

> Cuando ponemos freno en la boca de los caballos para que nos obedezcan, podemos controlar todo el animal. Fíjense también en los barcos. A pesar de ser tan grandes y de ser impulsados por fuertes vientos, se gobiernan por un pequeño timón a voluntad del piloto.

Lo que decimos puede impulsar la dirección de nuestra vida para bien o para mal. Las palabras no solo nos dirigen, sino que pueden ser agentes de destrucción. Santiago continúa comparando lo que decimos con pequeñas chispas que pueden encender un gran fuego. ¡Ninguna de nosotras quiere quemar el lugar! Por otro lado, el libro de Romanos revela el poder de las palabras para redimirnos y transportarnos de un reino de tinieblas a un reino de luz. En Romanos 10:9-10, se nos promete:

Si confiesas con tu boca que Jesús es el Señor y crees en tu corazón que Dios lo levantó de entre los muertos, serás salvo. Porque con el corazón se cree para ser justificado, pero con la boca se confiesa para ser salvo.

Lo mismo que nos mete en problemas puede sacarnos de ellos: «En la lengua hay poder de vida y muerte; quienes la aman comerán de su fruto» (Proverbios 18:21). Tenemos el modelo de nuestro Padre celestial, quien usa sus palabras para crear y dar vida. Esto significa que podemos elegir entre bendecir o maldecir con nuestras palabras.

Creo que esta es una oportunidad para un aprendizaje constante. Hablemos de tal manera que nos lleve a la vida en lugar de a la muerte y la destrucción. Tu vida le seguirá a tu boca, así que asegúrate de decir a dónde quieres ir.

Amado Señor:
Protege mi boca. Permite que mis palabras actúen como un
timón que me lleve en la dirección adecuada, hablando palabras
de verdad y luz en lugar de destrucción.

Soy fuerte

PORQUE CONTROLO MI MANERA DE HABLAR.

5

EL ARREPENTIMIENTO REDENTOR

---

*La tristeza que proviene de Dios produce el arrepentimiento
que lleva a la salvación, de la cual no hay que arrepentirse,
mientras que la tristeza del mundo produce la muerte.*

2 CORINTIOS 7:10

Todas experimentamos arrepentimientos, pero no debemos dejar que controlen nuestra vida. El arrepentimiento destructivo puede llevar a lo que Pablo llamó «la tristeza del mundo». ¿Qué es la tristeza del mundo? Es duelo por la pérdida de cosas, como la reputación, el dinero, las posesiones, las relaciones u otras cosas que están unidas a este mundo. Este tipo de tristeza se enfoca en esas pérdidas sin darnos cuenta del dolor que nuestras acciones pueden haberles causado a otros. Este tipo de arrepentimiento intentará provocar un cambio por sí solo o mediante esfuerzos religiosos. Sin embargo, este método rara vez llega a la raíz del motivo del corazón.

La tristeza que proviene de Dios va más allá de la preocupación por las consecuencias y se enfoca en cualquier daño que se haya hecho en las relaciones con Él o con los demás. Es más constructiva que destructiva. La tristeza que proviene de Dios nos ayuda a ver las cosas como son en realidad. David modela esta clase de tristeza en el Salmo 51:1: «Ten compasión de mí, oh Dios, conforme a tu gran amor; conforme a tu inmensa bondad, borra mis transgresiones».

David apela al amor inagotable de Dios y confiesa que pecó contra Él. No hay línea de defensa en sus palabras. No hay culpa. Reconoce su error y admite sin rodeos su pecado. Cuando confesamos nuestros pecados, estos dejan de pertenecernos. Todas necesitamos misericordia sin límites; al humillarnos, Dios nos sacará de nuestras circunstancias.

David sabía que no podía limpiarse a sí mismo, así que se volvió al Señor. Dios es el único que no solo tiene el poder de perdonar nuestro pecado, sino de desvanecer todo rastro de sombra y mancha.

David comprendía que el pecado embota el corazón y debilita nuestra determinación. La oración del salmo avanza con: «Devuélveme la alegría de tu salvación; que un espíritu obediente me sostenga. Así enseñaré a los transgresores tus caminos, y los pecadores se volverán a ti» (Salmo 51:12-13).

Es muy posible que estos versículos sean mis favoritos en este salmo. Prometen una alegría restaurada y un nuevo comienzo donde hubo arrepentimiento y tristeza. Dios puede hacer algo hermoso de nuestra fealdad. Entonces, nuestros fracasos se convierten en una oportunidad para enseñarles a otros acerca de la fiel misericordia de Dios y de su amor. Mi oración es para que nuestro Padre celestial transforme cada lugar oscuro de tristeza en faros brillantes de su fidelidad y verdad. De esta manera, Él triunfa en nuestra redención. Te desafío a convertir cada lugar de tristeza en un ejemplo vivo de belleza y libertad cuando les enseñas a otros sobre el amor y la verdad que te liberó. Este es el resplandeciente resultado de la tristeza que proviene de Dios.

Señor:
Permite que mis tristezas sean piadosas en lugar de mundanas. Cuando experimente aflicciones, te las traeré en arrepentimiento y experimentaré tu sanidad. Gracias por hacer cosas hermosas de nuestros desastres.

Soy fuerte

PORQUE LLEVO MIS TRANSGRESIONES A DIOS.

6

ARRAIGADA EN
LA PALABRA

---

*Procura que nunca se aparte de tus labios este libro de
la ley. Medita en él de día y de noche, para que actúes
de acuerdo con todo lo que está escrito en él. Así harás
que prospere tu camino, y todo te saldrá bien.*

JOSUÉ 1:8, RVC

Nada nos fortalece tanto como las palabras de la Biblia. Por eso
es tan importante desarrollar la práctica de retirarnos cada día
con la Palabra de Dios. Cuando lees y aplicas la Palabra de Dios, no
te quedas igual. Tu corazón se ablanda y se vuelve tierno a las cosas
de tu Padre. Esto te hace más dispuesta a su dirección. El estudio de
las Escrituras es la disciplina espiritual que da vida y energía a
todas las demás disciplinas espirituales.

Como todo en el reino, no se trata de cuántos pasajes de las Escrituras conoces, sino de cuántos vives. De esta manera, la Palabra
se hace carne en tu vida y produce frutos.

Entonces, ¿por dónde deberías empezar?

Hay un sinfín de lugares por donde empezar, y una intermi-
nable variedad de planes de estudio disponibles. Ya sea que elijas
un plan de lectura completa de la Biblia, un estudio escrito sobre un
tema que te interese o una simple búsqueda de versículos que
hablen de los problemas de tu vida, asegúrate de pasar cierta cantidad de tiempo en la Palabra todos los días. No dediques tanto
como para saber que te agotarás, sino que haz un esfuerzo por

abrir el Libro todos los días. Ese tiempo pronto se convertirá en un ancla en tu vida.

Con un bolígrafo y un diario, ora y pídele al Espíritu Santo que te hable a través de las Escrituras. Reflexiona sobre los pasajes bíblicos que elegiste y, luego, da un paso más: escribe en tu diario cómo aplicarás las verdades aprendidas. ¿Cuál es tu plan de acción para integrar estas verdades en tu vida? ¿Qué harás en las próximas veinticuatro horas o semanas para cuidar de esa semilla de verdad plantada en tu corazón? ¿Existen formas de seguir tu progreso?

Cuando pensamos en la disciplina, a menudo creemos que es algo que no queremos hacer o incluso que se trata de un castigo. Sin embargo, el tiempo en la Biblia es como la disciplina de comer sano. Es una disciplina que renueva y anima, a la vez que te calma. Es un espacio sagrado para buscar lo que Dios tiene que decirte, y permitir que sus palabras revitalicen cada parte de tu vida. Hoy, ya sea durante cinco minutos o toda una tarde, comienza la práctica de la sanidad con el estudio de las Escrituras y comprueba cómo te fortalecen.

Padre:
Gracias por proporcionarme tus palabras. Desarrolla
en mí la sed de encontrar vida en ellas cada día.

Soy fuerte

CUANDO PLANTO LAS PALABRAS DE DIOS EN
MI CORAZÓN Y LAS RIEGO CON LA ORACIÓN,
EL CUIDADO Y LA INTENCIÓN.

7

LA SIEMBRA
Y LA COSECHA

*Cada uno cosecha lo que siembra. El que siembra para
agradar a su naturaleza pecaminosa, de esa misma
naturaleza cosechará destrucción; el que siembra para
agradar al Espíritu, del Espíritu cosechará vida eterna.*

GÁLATAS 6:7-8

La ley de la siembra y la cosecha. Cuando plantamos las cosas adecuadas, cosechamos lo inimaginable. Las semillas de las Escrituras producen una cosecha fuerte y nutritiva.

Hace años, planté las Escrituras en mi corazón con la esperanza
de que produjeran una cosecha de justicia. Uno de mis pasajes favoritos se encuentra en el libro de Santiago: «Mis amados hermanos,
quiero que entiendan lo siguiente: todos ustedes deben ser rápidos
para escuchar, lentos para hablar y lentos para enojarse» (1:19, NTV).

Modelaba con exactitud lo contrario a este comportamiento.
¡Era rápida para hablar, lenta para escuchar y rápida para enojarme!
No estaba bien en ningún aspecto.

Pedí la ayuda de Dios para mi boca. Al igual que oró David, mi
oración se convirtió en: «SEÑOR, ponme en la boca un centinela; un
guardia a la puerta de mis labios» (Salmo 141:3).

Este centinela está puesto para que las palabras equivocadas no
se escapen y hagan daño. He aprendido que el Espíritu Santo tomará
las Escrituras en tu corazón y las traerá a la luz en el momento opor-
tuno. Esto actúa como una advertencia antes de que se escapen las
palabras equivocadas.

La ciencia nos dice que se necesitan veintiún días para romper un hábito. Los hábitos son fuertes. Son las respuestas que tenemos sin pensar. Hubo un tiempo en que el enojo se había convertido en un hábito en mi vida. Era imposible imaginar veintiún días sin una infracción. Bien podrían haber sido veintiún años. El enojo estaba muy arraigado en mí.

Bueno, ¿cómo rompes un hábito? Lo rompes de la misma manera en que lo desarrollaste. Un incidente a la vez, cinco minutos a la vez, una hora a la vez, un día a la vez. Ese fue el enfoque que adopté para romper el ciclo del enojo. Incluso, antes de levantarme de la cama, oraba: «Dios, te necesito hoy. Pon un centinela despiadado y severo en extremo sobre mi boca. No quiero pecar contra ti ni contra nadie más. Ayúdame a ser rápida para escuchar, lenta para hablar y lenta para enojarme». Estos recordatorios de las Escrituras se convirtieron en mi oración y fuerza diarias.

No voy a mentir y decirte que fue fácil; no lo fue. Aun así, puedo afirmarte que con Dios todo es posible. He vivido libre del control del enojo por más de dos décadas. Esta fue mi maravillosa cosecha de plantar y actuar sobre dos pequeñas semillas de las Escrituras.

¿Qué plantarás en tu corazón hoy? ¿Qué quieres cosechar? Busca las semillas en la Palabra, plántalas y Dios dará el crecimiento.

Dios:
Muéstrame los pasajes bíblicos que necesito sembrar en mi alma.
Creo que al sembrar y actuar con fe, tú me darás la cosecha.

Soy fuerte

PORQUE PLANTO LA PALABRA DE DIOS EN MI CORAZÓN Y ACTÚO EN CONSECUENCIA.

8

LA FUERZA
DEL DESCANSO

Al llegar el séptimo día, Dios descansó porque
había terminado la obra que había emprendido.

GÉNESIS 2:2

Cuando surge el tema del sábado, muchas de nosotras sentimos una
punzada de culpa. Como mujeres, rara vez nos sentimos liberadas de las necesidades siempre presentes que exigen nuestra atención.
Los montones de ropa sucia se burlan de nosotras y nos recuerdan a
cada momento nuestras listas de tareas pendientes que están fuera de
control. Tenemos familias con necesidades legítimas de que seamos
activas. Incluso, sacar a toda la familia por la puerta para ir a la iglesia es una tarea. No es que queramos ignorar el cuarto mandamiento
(«Acuérdate del día de reposo para santificarlo», Éxodo 20:8, LBLA);
solo que no creemos que podamos permitirnos descansar. En última
instancia, es una cuestión de confianza. Nos preocupa que si nos detenemos, si descansamos, Dios no podrá cuidarnos.

En realidad, el concepto de un día de descanso (el sábado) es
una invitación a la salud y la restauración. La mayoría de las veces,
el domingo no es un día de descanso para mí, así que he aprendido
a considerar el sábado de otras maneras. Incluso Jesús invitó a sus
discípulos a tomar un descanso del ministerio: «Vengan conmigo ustedes solos a un lugar tranquilo y descansen un poco» (Marcos 6:31).
Sabía que si seguían exhaustos, no serían buenos para nadie en el

ministerio y sufrirían. He aprendido por las malas que cuando estoy cansada, no soy capaz de tomar buenas decisiones. Cuando me siento exhausta, les diré «no» a las mismas cosas a las que debería decir «sí», y «sí» a las cosas a las que debería decir «no». Entonces, vivir con esas malas decisiones me agota aún más.

¿Por qué no te das permiso para aceptar la invitación de Dios a descansar? Escoge un día, medio día o incluso unas horas (ni siquiera tiene que ser domingo), y sepáralo para la restauración de tu cuerpo y alma. Sé intencional, planifica con antelación, apaga tu teléfono, cierra tu computadora portátil y dile a la gente con anticipación que estarás fuera de la red disfrutando de tu vida. Este es un gran momento para reír con tus hijos, recrearte con tus amigas o pasar tiempo con tu esposo. Sal a comer o cocina el día anterior. Deja de revisar la lista de tareas pendientes. Cierra la puerta del lavadero. Pon a un lado cualquier trabajo que trajeras a casa. Todo se hará, pero no hoy. Disfruta de tu día de descanso dado por Dios. Utiliza este tiempo para proteger, nutrir y cuidar tu corazón. Entonces, te sentirás renovada para el trabajo que Dios tiene para ti.

Cuando estés en el trabajo, hazlo con diligencia y lo mejor que puedas, y en tu tiempo de descanso, ¡descansa! Acepta la invitación de Dios para descansar como una oportunidad para restaurarte.

Señor:

No quiero agotarme. Muéstrame cómo equilibrar el trabajo y el descanso de manera que pueda tomar un verdadero descanso sabático.

Soy fuerte

CUANDO DESCANSO CONFIADA EN QUE
DIOS TIENE DE VERAS EL CONTROL.

9

UNA EMBAJADORA DE DIOS

Ustedes son linaje escogido, real sacerdocio, nación santa, pueblo que pertenece a Dios, para que proclamen las obras maravillosas de aquel que los llamó de las tinieblas a su luz admirable. Ustedes antes ni siquiera eran pueblo, pero ahora son pueblo de Dios; antes no habían recibido misericordia, pero ahora ya la han recibido.

1 PEDRO 2:9-10

En los Juegos Olímpicos, a los ganadores se les reconoce y condecoran con una medalla, y la bandera de su nación se les coloca sobre sus hombros para designar el país que representa cada participante. ¿Qué pasaría si, en medio de la ceremonia de premiación, una gimnasta estadounidense con medalla de oro decidiera que quiere representar a Canadá? ¿La dejarían? ¡Por supuesto que no! La eligieron como embajadora de Estados Unidos, no de Canadá; está allí para representar e inspirar al pueblo estadounidense y a su cultura.

En muchos sentidos, es lo mismo para nosotras. Somos representantes y embajadoras del cielo. Estamos aquí para dejar en las personas que encontramos una impresión que les comunique de quién somos y qué reino representamos. El apóstol Pablo nos llama «embajadores de Cristo» (2 Corintios 5:20). Y Pedro llama al pueblo de Dios «real sacerdocio». Tenemos el honor de ser embajadoras y parte de su familia real de sacerdotes. ¿Por qué querríamos cambiar de lealtad y representar a un reino que no es de nuestro Padre? Pedro continúa:

Ustedes antes ni siquiera eran pueblo, pero ahora son pueblo de Dios; antes no habían recibido misericordia, pero ahora ya la han recibido. Queridos hermanos, les ruego como a extranjeros y peregrinos en este mundo que se aparten de los deseos pecaminosos que combaten contra la vida. Mantengan entre los incrédulos una conducta tan ejemplar que, aunque los acusen de hacer el mal, ellos observen las buenas obras de ustedes y glorifiquen a Dios en el día de la salvación. (1 Pedro 2:10-12)

Antes no éramos de Dios, pero ahora lo somos. Antes estuvimos bajo el juicio de Dios; ahora hemos experimentado su misericordia. En otras palabras, antes éramos de este mundo y estábamos bajo su sentencia de juicio, pero ahora no somos de este mundo; somos del reino de Dios. Esto nos convierte en extranjeras y peregrinas en este mundo del que fuimos ciudadanas. Como parte de su sacerdocio, somos representantes y embajadoras de Dios en esta tierra.

Hoy, al tomar tus decisiones, al actuar y reaccionar, recuerda en qué podio te encuentras. Al mantener «una conducta ejemplar», otros glorificarán a Dios y se unirán a nosotras para alzar nuestras voces en un poderoso himno de alabanza.

Señor:
Estoy muy orgullosa de ser una embajadora tuya. Permite que
mi vida y mis acciones reflejen tu bondad y gracia.

Soy fuerte

PORQUE REPRESENTO UN REINO DE GLORIA, UN REAL SACERDOCIO, CORONADA CON LA MISERICORDIA DE DIOS.

Fuerte en
la libertad

LIBERADA
DEL PECADO

Jesús les respondió: «De cierto, de cierto les digo, que todo aquel que comete pecado, esclavo es del pecado. Y el esclavo no se queda en la casa para siempre; el hijo sí se queda para siempre. Así que, si el Hijo los liberta, serán verdaderamente libres».

JUAN 8:34-36, RVC

Cuando el Hijo nos liberta... somos «verdaderamente libres». ¿Qué significa la palabra «verdaderamente»? Sin duda, significa «de verdad y con certeza». La gente puede cuestionar tu derecho a la libertad. Tu pasado puede tratar de avergonzarte para que vuelvas a los confines de tus errores, pero en lo que respecta a Dios, el dominio del pecado y la vergüenza terminó en tu vida. La gente puede querer tirarte piedras todavía, pero las palabras de Jesús se hacen eco de la liberación sobre el pecado en tu vida. «Tampoco yo te condeno», declaró Jesús. «Ahora vete, y no vuelvas a pecar» (Juan 8:11).

Una vez que confesamos, es hora de seguir adelante y dejar atrás el pecado, la vergüenza, las acusaciones de los demás y la propia conciencia culpable. Al pasar de nuestra oscuridad a la luz de Dios, tenemos el poder de irnos y no pecar más. Si Dios dice que no estás condenada, eres libre para caminar en esa verdad. En este asunto no puedes confiar en tus sentimientos, pues te mentirán. Nunca nos sentiremos justas debido a que en nosotras mismas no hay justicia.

No somos la justicia de Dios a través de nuestras obras o comportamiento, sino solo en Cristo. Esto nos permite alejarnos de nuestros fracasos y errores pasados y seguir adelante. «Olviden las cosas de antaño; ya no vivan en el pasado» (Isaías 43:18).

Nuestro hoy ya no está ligado a nuestros fracasos del ayer. Tenemos la libertad de dar un paso hacia una nueva forma de vida, limpiadas por una misericordia que es nueva cada mañana.

Padre celestial:
Me acojo a tu misericordia. Permitiré que triunfe sobre cada caso de juicio en mi vida. Abandono este lugar de culpa y desprecio de mí misma. Me levanto y no vuelvo a pecar.

Soy fuerte

PORQUE EL JUEZ SUPREMO ME LIBERÓ DE TODA CULPA Y VERGÜENZA.

2

UN NUEVO CORAZÓN

*«Les daré un nuevo corazón, y les infundiré un espíritu
nuevo; les quitaré ese corazón de piedra que ahora
tienen, y les pondré un corazón de carne».*

EZEQUIEL 36:26

Como cristianas, siempre tratamos de mantener un corazón tierno o, como lo llama la Biblia, «un corazón de carne». Este es un corazón que crece en compasión, amor y sensibilidad a la dirección de Dios. El cielo se rige por un código sagrado de amor escrito en nuestro corazón. Las reglas vacías y sin vida grabadas en piedra son para los corazones duros y muertos. La ley de la libertad es más para corazones tiernos de carne que para corazones duros de piedra.

Sin embargo, debo advertirte que los corazones tiernos tienen una mayor capacidad tanto para el amor como para el dolor que los corazones de piedra. Si se permite, el dolor puede endurecer nuestro corazón, y si no tenemos cuidado, desplazará de manera lenta pero segura las cosas de Dios en nuestra vida. Sentirse molesta y exhausta es un síntoma de esto. Un corazón molesto encuentra cada vez más difícil perdonar a los demás. Es agotador vivir al borde de la amargura o del resentimiento.

La buena noticia es que incluso el corazón más duro puede liberarse por la verdad de la Palabra de Dios. Descubrí el odio en mi corazón incluso después de convertirme en cristiana. Elegí no permitir que se quedara. Tu corazón requiere protección, a fin de que estés segura de que permaneces libre de ofensas sin resolver, libre de enojo, odio, envidia u otros pecados que nos enredan con tanta facilidad. Una forma de protegerlo es exponiéndolo siempre a la verdad. Requiere esfuerzo, humildad y sinceridad. Aun así, vale la pena que luches por tu corazón.

Incluso ahora, puede haber una guerra de razonamiento en tu mente. Por un lado sacas a relucir los nombres de quienes te han lastimado, implorándote que los perdones y los liberes. Por otra parte argumentas que tu odio o resentimiento hacia esas personas están justificados. Ríndete a la primera voz. No imagines que un corazón duro te protegerá... No lo hará.

Padre:
Confieso toda dureza de corazón. Rompe cualquier
capa exterior con la roca de tu Palabra, de modo
que se revele un corazón de carne.

Soy fuerte

**PORQUE PROTEJO MI CORAZÓN,
A FIN DE MANTENERLO TIERNO Y
DISPUESTO A LA VOZ DE DIOS.**

3

EL PODER DE
LA CONFESIÓN

Por eso, confiésense unos a otros sus pecados, y oren
unos por otros, para que sean sanados. La oración
del justo es poderosa y eficaz.

SANTIAGO 5:16

La confesión es una de las disciplinas espirituales más difíciles. ¿Por qué es necesaria? Sabemos que somos perdonadas cuando le confesamos nuestros pecados al Padre. Sin embargo, el libro de Santiago va un paso más allá y nos dice que es necesario confesarnos algunos pecados y orar unos por otros para que seamos sanadas. Creo que esto es cierto por tres razones.

En primer lugar, el reino no opera basado en principios naturales. Recuerden, Jesús les dijo a los fariseos que cualquiera que mira a una mujer para codiciarla, ya cometió adulterio con ella en su corazón. Los problemas cardíacos son de suma importancia en el reino. Nuestros corazones son semilleros de semillas buenas o malas. En el caso de los fariseos, el pecado no sucedió de manera física, pero sí en sus corazones.

En segundo lugar, al humillarnos, confesar nuestro pecado y orar con nuestras hermanas cristianas, nos posicionamos para la sanidad. La sanidad fluye hacia los rincones oscuros de nuestro corazón cuando llevamos el pecado a un ambiente abierto y seguro. La confesión arroja luz sobre los aspectos de pecado y vergüenza, y en esta atmósfera de luz, la oración comienza la sanidad y la restauración.

La tercera razón es que la confesión nos da un nivel de responsabilidad. Con la confesión viene la responsabilidad. La Palabra nos dice: «Fieles son las heridas del amigo» (Proverbios 27:6, LBLA). Cuando confieso, no necesito compasión; necesito que alguien me hiera con la verdad. Y después de orar juntos, siento que una carga de vergüenza se levanta de mis hombros.

No obstante, queda el asunto de los hábitos. Jesús dice en Mateo 16:24: «Si alguien quiere ser mi discípulo, tiene que negarse a sí mismo, tomar su cruz y seguirme». La confesión es otra forma de «tomar nuestra cruz», reconociendo nuestra total dependencia de Dios. Nos «negamos a nosotras mismas» el derecho a enmendarnos, o a romper los ciclos de pecado por nuestra cuenta. La confesión es una disciplina que demuestra que sabemos que no podemos hacerlo solas. En cambio, con la ayuda de Dios y la ayuda de nuestra familia, comenzamos a sanar.

Padre:
Muéstrame la sanidad que viene con la confesión. Guíame a las personas adecuadas y haz que sea sincera, valiente y lo bastante dispuesta como para tomar mi cruz de esta manera. Quiero seguirte, y reconozco que no puedo hacerlo sola.

Soy fuerte

CUANDO TOMO MI CRUZ, ASUMO LA RESPONSABILIDAD Y RINDO CUENTAS.

4

LIBRE DEL PECADO

En este mundo maligno, debemos vivir con sabiduría,
justicia y devoción a Dios, mientras anhelamos con
esperanza ese día maravilloso en que se revele la gloria de
nuestro gran Dios y Salvador Jesucristo. Él dio su vida
para liberarnos de toda clase de pecado, para limpiarnos
y para hacernos su pueblo, totalmente comprometidos a
hacer buenas acciones.

TITO 2:12-14, NTV

¡Esta es una gran noticia! El pecado ya no tiene ningún poder real sobre nosotras. No importa cuántas veces le hayamos dicho que sí al pecado en el pasado; no tiene lugar en nuestro futuro. ¡Tenemos todo el derecho de darle la espalda y decir que no cuando el pecado trate de seducirnos o atraparnos con vergüenza! Jesús rompió su poder, nos extendió su misericordia y nos facultó para vivir por la gracia de Dios. En Cristo, no recibimos el juicio que merecemos porque Él llevó sobre sí mismo nuestros pecados. Somos perdonadas y nacemos de nuevo de la muerte a la vida. Amadas hijas, el enemigo de sus almas no quiere que sepan esto. Quiere que permanezcan avergonzadas con la esperanza de enredarlas de nuevo en el pecado. No quiere que sepan que tienen dominio sobre el pecado, pero es verdad. De seguro que con nuestras propias fuerzas lo intentaremos y fallaremos, pero ya no estamos solas en nuestras batallas. ¡Estamos en Él, y nuestras armas son poderosas!

Jesús:

Gracias por destruir el poder del pecado. Rechazo las mentiras del enemigo y me alejo de ellas, hacia ti. Tu muerte me dio todo lo que necesito para ganar esta batalla.

Soy fuerte

PORQUE CRISTO ME DA EL PODER
SOBRE EL PECADO.

5

CUANDO DUELE
DEMASIADO

Él les enjugará toda lágrima de los ojos.
Ya no habrá muerte, ni llanto, ni lamento ni dolor.

APOCALIPSIS 21:4

Quiero animarte a que liberes tu dolor. Quizá te preguntes: «¿Cómo se deja atrás el dolor?». Puedes cuestionar que no entiendo tu dolor, o que no sé lo que te hicieron ni cuánto te duele. Y tendrías razón. No lo sé, pero hay alguien que sí lo sabe. Hay más heridas de las que se pueden enumerar. Estoy segura de que a algunas de ustedes las molestaron o fueron víctimas de abuso a manos de alguien en quien confiaban. A algunas las deshonró o violó un extraño. Tal vez te abandonara alguien que prometió estar siempre a tu lado. A lo mejor tu hijo murió de forma violenta o sin sentido. Alguien a quien amabas te maltrató. Tus padres te rechazaron y nunca te sentiste lo bastante bien. Muchas fueron objeto de burla por el color de su piel. Otras sufrieron la burla por estar discapacitadas. Y lo lamentable es que a la mayoría de nosotras nos traicionó una amiga.

Cualquiera de estas tragedias y otras que no enumeré son tan dolorosas como para que nos hieran en lo profundo. Entonces, cuando estamos en nuestro estado más vulnerable, Satanás siembra en nuestra alma herida palabras de amargura y pensamientos de venganza. Nos anima a obsesionarnos con la herida y a recordar el dolor.

Quiere que presionemos con fuerza contra nuestro pecho el dolor y nunca lo soltemos. Miente al prometer que retenerlo nos protegerá de futuras violaciones. Sin embargo, eso es mentira.

Hay sanidad en entregarle tu dolor a Jesús, el único que lo comprende de veras. El libro de Isaías nos dice que Jesús «fue traspasado por nuestras rebeliones, y molido por nuestras iniquidades; sobre él recayó el castigo, precio de nuestra paz, y gracias a sus heridas fuimos sanados» (Isaías 53:5).

Aferrarte a tu dolor solo te lastimará más. Quiero que cierres los ojos y te imagines que le das a Jesús todo el dolor. Él no menospreciará lo que te hicieron. Entrégaselo y permítele que se lo lleve y lo redima.

Jesús:
Creo que eres mi sanidad, así que puedo confiar en ti con
cada parte de dolor. Me niego a llevar algo para lo que no me
diseñaron. Te entrego (nombra los aspectos de dolor)
a tu cuidado. Redímelo por tu gloria.

Soy fuerte

PORQUE LE ENTREGO MI DOLOR A MI SANADOR.

6

FIRME EN
LA LIBERTAD

Cristo nos libertó para que vivamos en libertad.
Por lo tanto, manténganse firmes y no se sometan
nuevamente al yugo de esclavitud.

GÁLATAS 5:1

Una vez que somos libres, es un desafío creer que somos verdaderamente libres... para siempre. Nuestra cultura y la esclavitud de la religión harán todo lo posible para esclavizarnos de nuevo. Quieren que volvamos a llevar el «yugo de esclavitud», dejándonos arrastrar por ese agobiante y molesto peso que nos ata a la vergüenza y a los pecados que una vez nos esclavizaron. La libertad ocurre tanto de una sola vez como con el tiempo. Jesús nos libera cuando le entregamos nuestras vidas, y esa libertad es nuestra para reclamarla. Luego, con el tiempo, ejercemos de forma continua esta libertad al «mantenernos firmes» contra el pecado que una vez nos agobiaba, al no aceptar el yugo de tratar de ser perfectas con nuestras propias fuerzas.

¡Así que mantente firme en tu libertad! Enfréntate a cualquier culpa y vergüenza que intente llevarte a una depresión de derrota o de regreso a un estilo de vida de pecado. Enfréntate a cada sombra de la vergüenza pasada que desafía tu derecho a decirles no a los patrones vencidos. Quizá en el pasado te fuera difícil decirle no debido a la culpa y a la vergüenza, pero te liberaste de tu pasado, ¡y tu futuro es brillante y libre!

Debido a la libertad y a la gloriosa esperanza que nos da Cristo, no tenemos razón para temerle al regreso de nuestro Señor y Salvador, pues Él nos redimió de la maldad y nos hizo suyas. Antes, estábamos ansiosas por hacer el mal... ¡Ahora estamos ansiosas por hacer el bien! Cuando de veras nacemos de nuevo, cambian nuestros deseos naturales. Él nos perdona y luego cambia nuestra naturaleza con las palabras: «Vete, y no vuelvas a pecar». No es un prerrequisito para el perdón; el perdón ya se extendió. Es un voto de confianza y la creencia de que vendrán cosas mejores.

Las palabras de Jesús se podrían parafrasear de esta manera: No te condeno. Te perdono, y te libero de la sentencia y el juicio del pecado. Ahora vete y no peques más. ¡Eres libre! (Juan 8:11). Nunca podríamos ganarnos la misericordia que se nos brinda, así como nunca podríamos caminar en piedad y decirle no al pecado y la pasión mundana sin la gracia de Dios. El pecado ya no tiene derecho a nuestras vidas porque: «Cristo nos libertó para que vivamos en libertad».

Señor:
Estoy muy agradecida de que tu perdón y redención sean
míos. Muéstrame cómo ejercer mi libertad ayudándome
a apartarme de las cosas que esclavizan.

Soy fuerte

PORQUE CRISTO ME LIBERÓ. LA EVIDENCIA DE ESTA LIBERTAD AUMENTA EN MI VIDA CADA DÍA.

7

SIN ATADURAS

No somos hijos de la esclava, sino de la libre.

GÁLATAS 4:31

Cuando era niña, mi padre rara vez se relacionaba conmigo, excepto para expresar su orgullo por lo dura que era. Sus apodos para mí eran «tigresa» y «pequeña peleadora». De alguna manera, los vestidos y las cosas femeninas no encajaban con estas imágenes. Estaba decidida a no ser nunca una cobarde ni una chica muy femenina.

Luego, un sábado en la secundaria, mientras veía una película, encontré la imagen de una mujer con la que me identificaba. No había nada de volantes ni encajes en ella. Su vida era una aventura emocionante. Se trataba de una de las chicas élite de Bond (como en James). De seguro que me sentía más cómoda con la imagen de las chicas con pantalones cortos, que llevaban armas y que corrían con los chicos. Esas chicas se mantenían firmes con los hombres, y nadie se atrevía a intimidarlas. No iban a esperar a que algún hombre las protegiera. Lo harían ellas mismas.

Sin embargo, esto es lo que pasa con las chicas Bond. Si mal no recuerdo, al menos a una de estas mujeres la asesinaban en cada película del agente 007. Al final, James siempre se acostaba con la que quedaba viva, pero nunca más se les volvía a ver juntos. Él pasaba a ser parte de la próxima aventura, pero ellas no. Siempre había otra belleza a la que perseguir una vez que terminaba con ellas. Supongo que eran «esclavas» de verdad, encadenadas por un sistema que pasaba por alto su valor.

Sé que esta mujer áspera, dura y sexualmente segura puede parecer valiente al principio, pero no lo es. Todas las esclavas tienen miedo en un nivel u otro, en especial si no tienen el control. (¿Por qué crees que llevan armas?). Muchas de ellas nunca recibieron la protección y el amor que necesitaban de sus padres cuando eran niñas, así que decidieron tomar el asunto en sus propias manos. A otras las amaron y apoyaron, pero escucharon una cultura que las alentó a confiar en su capacidad para protegerse a sí mismas en lugar de confiar en Dios. Entonces, a la larga, todas las esclavas se encuentran afuera mirando hacia adentro. El hecho de que una mujer sea sexualmente deseable no significa que sea libre.

Nuestra cultura nos da más oportunidades para relacionarnos con la hija cautiva que con la mujer libre. Sin embargo, no tenemos que elegir entre estos dos «tipos», interpretando a la extravagante mujer distante o a la seductora agresiva. Dios hizo a las mujeres con muchas opciones brillantes e innumerables como hay de hijas. No te creas la mentira de que estás limitada a un estereotipo creado por el hombre. Somos hijas de la realeza de Dios, no esclavas que tienen que confiar en cosas que nos decepcionarán al final. Y como hijas suyas, somos libres de ser quienes somos, sabiendo que somos amadas de manera total y exclusiva.

Padre:
Quiero recibir todo para lo que me creaste. Cuando
me sienta tentada a desempeñar un papel menor,
recuérdame quién soy de veras.

Soy fuerte
**PORQUE NO ESTOY ATADA A UNA
IMAGEN FICTICIA DE MI FEMINEIDAD,
SOY UNA HIJA DEL DIOS VIVO.**

8

HECHA NUEVA

Si alguno está en Cristo, nueva criatura es:
las cosas viejas pasaron; he aquí todas son hechas nuevas.

2 CORINTIOS 5:17, RVA

Cuando Cristo se convierte en nuestro Salvador y Señor, el castigo eterno de nuestro pecado se aleja tanto de nosotras como el oriente del occidente (Salmo 103:12). El pecado ya no tiene dominio ni base legal para mantener tu espíritu en cautiverio. Estás en libertad. Sin embargo, la libertad y el perdón no erradican las consecuencias prácticas o naturales del pecado. Si cometo un crimen, me sentencian a la cárcel y luego me salvo, mi espíritu está libre, pero mi cuerpo todavía va a la cárcel. Esto no quiere decir que no me perdonaran. Quiere decir que busco la sabiduría de Dios mientras lidio con mis realidades.

Quizá te preguntes cómo se aplica esta verdad: Soy perdonada y me convertí en una nueva criatura. Lo viejo pasó y todas las cosas son hechas nuevas para mí. Esta verdad se logra entender en nosotras. Somos perdonadas y nuestros pecados son lavados en el momento en que los confesamos. Somos renovadas en lo espiritual en ese instante en que experimentamos la abrumadora misericordia de Cristo. En cambio, esto no significa que mis decisiones anteriores ya no me afecten. Ya no soy culpable ni estoy bajo juicio eterno, pero quedan algunas consecuencias.

Por el bien de una discusión adicional, ¿qué pasaría si hubiera quedado embarazada durante mis días tormentosos de soltera? Seguro que habría servido como una llamada de atención. ¿Qué pasa si me hago cristiana después de quedar embarazada? ¿Desaparecería la bebé? ¡No, por supuesto que no! La presencia de una niña no negaría de ninguna manera mi perdón de los pecados, así como el perdón de mis pecados no borraría la existencia de la niña. La bebé no es un pecado. Es el resultado de las decisiones que tomé. La niña se amaría y celebraría como un regalo, aunque la concepción tuviera lugar fuera del pacto del matrimonio.

Dios se encarga de redimir nuestros errores, contratiempos y pecados. Los milagros no siempre se ven como esperamos, y se pueden construir cosas hermosas a partir de pedazos rotos. Nada es imposible para Dios, pero cuando el corazón está roto, esto se convierte en su primera preocupación. Quita el corazón de piedra quebrantado y lo reemplaza con un sensible corazón de carne. Podemos confiar en Él cuando dice que nos hace nuevas.

Señor:
Muéstrame la diferencia entre el perdón eterno y
las consecuencias naturales. Confío en tu capacidad
para sanarme en todos los sentidos.

Soy fuerte

CUANDO CONFÍO EN LA CAPACIDAD
DE DIOS PARA REDIMIR MIS REALIDADES.

9

LIBERADA PARA SER SUYA

«Yo soy el Señor su Dios, que los saqué de Egipto para darles la tierra de Canaán y para ser su Dios».

LEVÍTICO 25:38

Muchas de nosotras hemos escuchado esta pregunta: «Si murieras esta noche, ¿sabes con certeza adónde irías?». El propósito de la pregunta es hacer que la audiencia se pregunte: «¿Tengo la seguridad de que iría al cielo?». Si no es así, tienen la oportunidad de orar y asegurar sus posiciones eternas. Sin embargo, la eternidad es más que un destino después de la muerte; es una forma de vida ahora. El siguiente versículo revela el deseo y el propósito más profundo de Dios al liberar a Israel de Egipto: «Ustedes son testigos de lo que hice con Egipto, y de que los he traído hacia mí como sobre alas de águila» (Éxodo 19:4).

Me encanta la belleza y el poder de este versículo. El poderoso Rey del cielo desciende para rescatar con valentía a sus hijos después de cuatrocientos años de esclavitud. En el proceso, golpea a Egipto, la nación más poderosa del mundo, y la reduce a la humillación de la ruina. Los esclavos israelitas reciben la plata y el oro de los egipcios.

Este no solo era su deseo para Israel; es su deseo para ti.

¡Nuestro apasionado y santo Dios te persigue! Él está esperando y observando a fin de que mires en su dirección. Anhela que leas las notas de amor que entretejió a lo largo de las Escrituras con la esperanza de que le devuelvas sus avances. Él quiere liberarte del cautiverio de un mundo atrapado en la oscuridad para que vivas en su mundo de luz. Él anhela arrancarte de los brazos de los amantes infieles, y llevarte a sus brazos fieles y eternos. Quiere librarte de los duros capataces y las crueles ataduras de este mundo para mostrarte su tierno amor y misericordia.

El rescate nunca fue solo sobre una Tierra Prometida; fue sobre Aquel que hizo la promesa. En última instancia, quiere traernos hacia sí mismo. Las promesas del Antiguo Testamento solo fueron un presagio de las cosas que vendrían. El propósito final de Dios en la salvación era restaurar a sus hijos para sí mismo. Amadas, ¡la redención es mucho más que un seguro de vida y contra incendios!

¿Quién no desea que le arrebaten de la crueldad de este mundo y le lleven al monte de Dios? Después de todo, este mundo no es nuestro hogar, por lo que es justo que alimentemos este anhelo. Todas deberíamos ver con buenos ojos el escape de la esclavitud y el juicio, pero la salvación no se detiene ahí. Asegurémonos de convertirnos en suyas.

Padre:
Gracias por liberarme para que nada me impida ser tuya.
Elijo ir tras la promesa de conocerte.

Soy fuerte
PORQUE ME RESCATARON PARA SER SUYA.

Fuerte en la santidad

I

NO ERES DE ESTE MUNDO

«Si fueran del mundo, el mundo los amaría como a los suyos. Pero ustedes no son del mundo, sino que yo los he escogido de entre el mundo».

JUAN 15:19

Jesús deja en claro que este mundo no nos posee. ¿Cómo debería esta realidad abrirse paso en nuestra conducta? Este mundo y su cultura, de manera más específica, nos anima a adaptarnos a su comportamiento. Sin embargo, ya no pertenecemos a nuestra cultura; estamos en relación con las personas y con Dios. Tenemos el llamado a ser diferentes a nuestra cultura, amando cuando es odiosa y amable cuando es cruel. Esta diferencia también se extiende a nuestra brújula moral. El libro de Efesios nos da nuestro verdadero norte: «Entre ustedes ni siquiera debe mencionarse la inmoralidad sexual, ni ninguna clase de impureza o de avaricia, porque eso no es propio del pueblo santo de Dios» (5:3).

En este versículo no hay ninguna zona gris. ¿Por qué es tan riguroso? Creo que se debe a que incluso una pista quizá envíe mensajes contradictorios, lo que puede resultar confuso para los demás. Debido a que somos de Dios, lo honramos en todo lo que decimos y hacemos. Esto significa que las palabras que decimos y nuestra conducta deben reflejar su influencia en nuestra vida. En Cristo somos más que perdonadas; somos santas. Somos luz donde antes fuimos oscuridad.

Efesios continúa: «Tampoco digan obscenidades, ni tonterías ni palabras groseras. Eso no es conveniente. En vez de eso, den gracias a Dios» (5:4, RVC). Pablo agrega a la lista el comportamiento confuso, obscenidades, tonterías y lenguaje grosero. Ninguno de estos tipos de conversaciones es acorde con la piedad, y solo sirven para enturbiar el agua para quienes están buscando.

En lugar de interrumpir nuestra conversación con obscenidades, debemos hablar con fluidez en gratitud. De esta manera mantenemos una actitud de agradecimiento por el favor y la misericordia de Dios. Esto por sí solo debería ser suficiente para que algunas de nosotras sigamos hablando durante bastante tiempo. En lugar de ser groseras, maleducadas y quejicas, podemos imitar a nuestro Padre bendiciendo y liberando vida a través de nuestras conversaciones. Se nos advierte que no permitamos que nadie nos engañe con argumentaciones vanas. Las argumentaciones vanas nos embotan con la complacencia: «Todo estará bien... No es gran cosa... Todas las demás lo hacen...». Si las palabras pueden estar vacías, también pueden estar llenas. Las palabras de vida nos llaman a cosas mejores. Nos recuerdan que no somos como todos los demás, pues somos hijas del Dios Altísimo. Estamos en el mundo, pero no somos del mundo (Juan 17:15-16).

Dios:
Por favor, revela la diferencia entre cómo actúa el mundo
y cómo actúas tú. Quiero honrarte con mis palabras y
acciones, sin siquiera una pizca de otra cosa.

Soy fuerte
PORQUE ACTÚO SEGÚN LAS NORMAS DE DIOS, NO LAS DEL MUNDO.

2

EL APRENDIZAJE DE LA OBEDIENCIA

Dichosos todos los que temen al Señor,
los que van por sus caminos.

SALMO 128:1

A menudo, los niños ejemplifican, de una manera cruda y obvia, lo que los adultos han aprendido a pasar por alto. Hubo un incidente cuando mi segundo hijo, Austin, era pequeño que capta cómo podemos reaccionar cuando luchamos por obedecer a Dios.

Cuando Austin solo tenía dos años, algunos amigos vinieron a jugar. Al llegar la hora de marcharse, decidí darle a cada uno de los niños dinosaurios de goma como regalo de despedida. Vertí una generosa cantidad de dinosaurios de goma en la mano de Austin para que los repartiera. Cada vez que los niños salían por la puerta, recogían gomitas, pero cuando Austin llegó a las dos últimas, cerró el puño con fuerza. Había una última chica esperando.

—Austin, hay mucho más en la bolsa. Dale esas dos —lo animé.

Su única respuesta fue huir y aferrarse al buzón del correo mientras negaba con la cabeza. No iba a ceder.

Volví corriendo a la casa y le ofrecí a la niña gomitas de la bolsa. Me despedí de mis amigas y sus hijos mientras trataba de desprender a mi hijo del buzón.

Una vez dentro de la casa, las cosas empeoraron. Le quité de la mano las gomitas sudorosas y rotas a mi hijo, y lo envié hacia arriba a su habitación hasta que se calmara.

—¡No voy a ir a mi cuarto! —declaró, mientras salía pisando fuerte de la cocina.

—Sí, lo harás —le contesté con calma, quedándome en la cocina.

Este intercambio de palabras se repitió varias veces, pero noté que su voz venía de cada vez más lejos. ¡Avanzaba con lentitud hacia su cuarto! Después de unos quince minutos, lo escuché decir con énfasis:

—No me voy a dormir. ¡No voy a tomar una siesta!

Entonces, se quedó en silencio. Más tarde, subí las escaleras y lo encontré profundamente dormido en su cama.

En cierto modo, Austin sabía que estaba equivocado e incluso sabía lo que necesitaba. Por eso se acostó a dormir la siesta. ¿Por qué la agotadora protesta? ¿Por qué luchó tanto?

Bueno, ¿por qué todas nosotras luchamos tanto contra la obediencia? Además de estar cansadas, creo que a menudo es por la misma razón por la que peleaba mi hijo. Vio que su montón de gomitas disminuía y se sintió maltratado.

A decir verdad, me reconocí en él. He luchado con los mismos sentimientos de frustración que no sé cómo expresar con palabras. Esa es la razón por la que hice tontas declaraciones de independencia como para decir: «Dios, obedeceré, pero solo bajo protesta y cuando esté lista».

A medida que maduramos, aprendemos a no lanzar ataques ni a reaccionar por egoísmo, sino a confiar en que Dios sabe lo que es mejor para nosotras. Es mucho menos agotador hacer primero lo adecuado que hacerlo por las malas.

Señor:
Cuando no quiero obedecer, enséñame a no reaccionar,
sino a ir primero a ti en lugar de hacerlo al final.

Soy fuerte

CUANDO OBEDEZCO SIN LUCHAR.

3

HECHA SANTA

Más bien, sean ustedes santos en todo lo que hagan,
como también es santo quien los llamó; pues está
escrito: «Sean santos, porque yo soy santo».

1 PEDRO 1:15-16

*D*ios es santo... así que nosotras somos santas. La santidad no es otro intento fallido nuestro de intentar ser buenas; es una revelación de que somos suyas. La santidad es más que una descripción del trabajo de los ministros; es un mandamiento para todos los que se reúnen ante el Dios santo. Debemos ser santas, porque Él es santo. No se nos pide que actuemos como santas ni que aparentemos serlo; se nos invita a ser santas. Ser algo significa que se convierte en parte de nuestra esencia o fuerza vital. Estamos llenas y guiadas por su Espíritu, que es santo, el Espíritu Santo.

La santidad debe influir en nuestras interacciones privadas y en nuestro comportamiento público. Podemos actuar como santas, pero no ser santas; podemos parecer santas, pero no ser santas. Ser algo significa que define nuestra propia existencia.

¿Qué significa ser santa? Este pasaje de la Escritura nos da una idea: «Dios nos escogió en él antes de la creación del mundo, para que seamos santos y sin mancha delante de él» (Efesios 1:4).

Antes de respirar por primera vez, nos escogieron. Estábamos en su mente antes de que creara la tierra. Dios te escogió en Cristo, y te destinó a ser santa y sin mancha. Debido a que Jesús es santo y sin mancha, también heredamos su posición ante el Padre.

Fuera de Cristo, éramos ajenas tanto a su poder como a sus promesas. Sin embargo, en la cruz, la cortina se rasgó en dos. Todo lo que estaba en contra de nosotras se clavó en la cruz, y nos hicieron una con Dios (Colosenses 2:14).

Ser santa es estar apartada... en espíritu, alma y cuerpo. En pocas palabras, santa significa que somos suyas.

Padre:
Gracias por santificarme con tu supremo sacrificio.
Tú eres santo. Haz que todo lo que haga
me acerque a ti en santidad.

Soy fuerte
PORQUE SOY SANTA Y SOY SUYA.

4

REFINADA
POR EL FUEGO

¡Mira! Te he refinado, pero no como a la plata;
te he probado en el horno de la aflicción.

ISAÍAS 48:10

El oro y la plata se refinan en hornos a temperaturas tan altas que estos metales se licúan. En este estado, la escoria y las impurezas suben a la superficie y son evidentes. En el proceso metalúrgico se elimina la escoria antes de permitir que el metal se enfríe y solidifique. Dicho proceso se puede repetir hasta que el metal esté libre de contaminantes y aleaciones que lo debiliten.

Dios no nos refina en un horno de fuego literal. Tiene otras formas de lograr nuestro proceso de refinamiento. Él utiliza el horno de la aflicción. Algunos sinónimos de aflicción son dificultad, problemas, adversidad, angustia y prueba. A nadie le gusta la aflicción, pero es mejor mantener el rumbo si queremos ver el fruto del proceso. Es importante recordar esto, porque cuando se enfrentan pruebas, no se trata de «si», sino de «cuando».

> Cuando cruces las aguas, yo estaré contigo; cuando cruces los ríos, no te cubrirán sus aguas; cuando camines por el fuego, no te quemarás ni te abrasarán las llamas. (Isaías 43:2)

Las aflicciones de la vida pueden parecerse mucho a las inundaciones y las llamas. Ninguna de nosotras consigue un pase que nos permita evitar estas pruebas, pero se nos promete que son solo por una temporada. Atravesamos estas dificultades cuando nos negamos a permitir que nos abrumen. Nuestro Padre sabe lo que hace, y el proceso de refinamiento significa que saldremos más fuertes del otro lado.

En última instancia, a Dios le preocupa más nuestra condición que nuestra comodidad. Esto denota que permitirá que la vida se vuelva incómoda para exponer nuestra verdadera condición. Muy a menudo, nuestras oraciones ponen en marcha este refinamiento. Las cosas comenzarán a calentarse cada vez que le pidamos a Dios que elimine todo lo que obstaculiza nuestro crecimiento o le desagrada. Las pruebas de fuego son el medio de revelar tanto nuestras fortalezas como los errores de nuestros caminos. Te desafío a cantar en medio de las llamas y a permitir que tus oraciones de agradecimiento se eleven por encima de las aguas de la inundación, pues Dios te está refinando para su propósito y para tu fuerza.

Amado Señor:
Abre mis ojos para reconocer la adversidad y la aflicción
por lo que son en realidad: agentes de mi transformación.
Sé que no me abandonarás en este proceso de
refinamiento, así que hazlo a tu manera.

Soy fuerte

CUANDO PERMITO QUE LOS FUEGOS
DE MI VIDA REFINEN Y PURIFIQUEN
MI CORAZÓN.

5

EL AYUNO FÍSICO

Así que sométanse a Dios. Resistan al diablo, y él huirá de ustedes.

SANTIAGO 4:7

E l ayuno es lo mejor en la reducción del peso del alma. Un ayuno espiritual de manera exclusiva es cuando te abstienes de un pensamiento, acción o hábito. Un ayuno físico es la práctica bíblica de abstenerse de comer para buscar a Dios.

¿En qué se diferencia un ayuno físico de una dieta? Una de las principales diferencias está en que una dieta cambia la forma en que te ves y un ayuno cambia la forma en que ves. ¡Una cambia las balanzas, el otro quita las anteojeras (balanzas) de tus ojos! El ayuno expresa nuestra sumisión a Dios. Cuando nos detenemos y nos arrodillamos para rendirnos a Dios, el enemigo se siente abrumado por el terror y huye. Cuando dejamos de alimentarnos de comida, estamos en condiciones de desarrollar nuestra hambre y sed de las cosas de Dios. Nuestros apetitos se transforman a medida que nos alimentamos de su Palabra, y recordamos su bondad y amor. El ayuno trae consigo una mayor conciencia que también sirve para ablandar nuestro corazón.

Si esta es la primera vez que ayunas, empieza con algo simple y saludable como el ayuno de alimentos poco saludables como la harina blanca y el azúcar. Puedes leer en línea sobre algo llamado el ayuno de Daniel. O tal vez tu ayuno signifique dejar de almorzar. Si vas a hacer un ayuno solo con agua, y tienes problemas médicos o tomas medicamentos, primero debes consultar a un médico*.

---

* Este libro no pretende proporcionar consejo médico ni sustituir la indicación y el tratamiento de tu médico personal, por lo que te recomiendo que consultes a tu propio médico o a otros profesionales de la salud calificados con relación al ayuno si tienes alguna inquietud al respecto. Si eres menor de dieciocho años, no ayunes sin antes hablarlo con tus padres.

El ayuno es cuando te niegas a la carne. Será incómodo físicamente. Sin embargo, en lo espiritual, ¡este es un tiempo de celebración, fiesta y gozo! Como honras al Rey, Él te honrará con su presencia. El ayuno es un privilegio sagrado, no un castigo.

Después, comprende que esto es un asunto de vida o muerte, porque es así. Condenas la esclavitud a la muerte.

No tiene sentido negarte la comida si no te entregas a Dios. Con antelación, ten a mano todo lo que necesitas, a fin de que puedas descansar durante tu ayuno. Apaga el teléfono, la computadora (apaga tus redes sociales) y el televisor. Pon música de alabanza y adoración. Este es un tiempo de reposo, así que no trabajes en otras cosas. Descansa, duerme y acércate a Él. Lee la Palabra, incluyendo el libro de Ester, y las promesas de ayuno u otras obras cristianas que te desafíen.

Durante el ayuno estás fortaleciendo tu espíritu. Mantén un diario con tus peticiones de oración para este tiempo. Sé receptiva y sincera con tu Padre, y registra lo que Él te muestre a través de las Escrituras y la oración.

Este es un tiempo para amar, y tengo todas las razones para creer que Él te dará agua y alimento que vivifican.

Señor Dios:
Mientras ayuno, acércate a mí. Cambia mis apetitos y dame hambre por más de ti. Guardaré silencio, creyendo que hablarás. Aumenta mi sensibilidad y revélame las cosas que me han debilitado.

Soy fuerte

PORQUE MIENTRAS AYUNO, TENGO UN BANQUETE CON MI REY.

6

LA OFRENDA
DE TU CORAZÓN

«Ahora bien —afirma el Señor—, vuélvanse a mí de todo
corazón, con ayuno, llantos y lamentos». Rásguense el corazón
y no las vestiduras. Vuélvanse al Señor su Dios, porque él
es bondadoso y compasivo, lento para la ira y lleno de amor,
cambia de parecer y no castiga.

JOEL 2:12-13

La búsqueda de Dios por nosotras es implacable. No importa dónde estemos, no importa lo que hayamos hecho, Él nos seguirá hasta los confines de la tierra. Dios clama a esta generación: «Incluso ahora, cuando todo parece tan imposible, y te sientes muy sucia e impotente. ¡Incluso ahora! Cuando todos los demás fracasan y todo lo que intentas te decepciona... yo no lo haré. ¡Incluso ahora! Cuando parece que ya es demasiado tarde... ¡no lo es! Vuélvete a mí con todo tu corazón».

Debido a que Dios nos persigue, todo lo que tenemos que hacer es volvernos a Él. Nos invita a ser razonables, a mirar con valentía y verdad nuestra condición, ¡y a darnos cuenta de que no es un espectáculo agradable! Nuestros pecados no son de un tono rosado claro... son de un color escarlata chillón. Aun así, Dios no quiere nuestro sacrificio carmesí, porque el Príncipe ya pagó el precio. Dios anhela lavarnos hasta dejarnos limpias. En lugar de alimentarnos con «comida» vacía que no satisface (las cosas que perseguimos en este mundo), Él nos ofrece lo mejor de la tierra... si primero estamos dispuestas y, luego, somos obedientes. Dispuestas a arrepentirnos y decir que nos descarriamos. Dispuestas a servirle con gozo porque Él es bueno, fiel y verdadero. Dispuestas a someternos en obediencia a su Palabra, porque es la ley del amor, de la vida y de la libertad. Dispuestas a tomar nuestra cruz y esconder nuestra vida en Cristo, la Palabra hecha carne, y seguir su ejemplo. Las palabras de Joel nos llaman hoy: «Vuélvanse a mí de todo corazón», sin importar el estado de nuestro corazón. La batalla siempre ha sido por los corazones de las mujeres, y Dios está pidiendo tu quebrantado, magullado y herido corazón. Él te invita a apartarte de las pesadillas del mundo y volver a tu sueño, porque desde el principio de los tiempos ha estado buscando una novia... como tú.

Padre:
Gracias por seguirme tan de cerca que todo lo que tengo que hacer es voltearme y caer en tus brazos. Te ofrezco mi corazón y vuelvo a ti otra vez.

Soy fuerte
CUANDO ME VUELVO HACIA EL QUE ME PERSIGUE.

7

TOMA TU CRUZ

Dirigiéndose a todos, declaró:

—Si alguien quiere ser mi discípulo, que se niegue a sí mismo, lleve su cruz cada día y me siga. Porque el que quiera salvar su vida la perderá; pero el que pierda su vida por mi causa la salvará. ¿De qué le sirve a uno ganar el mundo entero si se pierde o se destruye a sí mismo?

LUCAS 9:23-25

Dios siempre ha anhelado que seamos suyas sin importar nuestros fallidos intentos humanos de ser buenas. Él anhela que veamos más allá del velo de la religión y de las obras de la carne, y que nos atrevamos a acercarnos por la fe, sin dudar nunca de su bondad. Él desea que lo adoremos en espíritu y en verdad, que llevemos nuestra cruz cada día y lo sigamos.

¿Qué significa cuando Jesús nos dice que llevemos nuestra cruz? No es tan fácil como colocar un adorno alrededor del cuello. Se trata de mostrar a diario en nuestros corazones que somos sacrificios vivos para Él. Sin embargo, llevar nuestra cruz no se detiene allí; se extiende a llevar el poder y la promesa de lo que compró la cruz para cada una de nosotras en un mundo perdido y moribundo. La cruz lo transforma todo.

En el Antiguo Testamento, los sacerdotes traían ofrendas diarias ante el Señor. «Salomón ofrecía holocaustos al Señor los días correspondientes, según lo ordenado por Moisés» (2 Crónicas 8:12-13). Llevar la cruz es nuestra ofrenda diaria. No es una orden dada por las leyes de Moisés, sino del mismo Señor de la vida.

Algunas quizá argumenten que no necesitamos llevar una cruz, pues Jesús fue el sacrificio final, así que es una obra terminada. Llevar nuestra cruz no es un sacrificio por el pecado. Ninguna ofrenda que pudiéramos traer podría satisfacer los estatutos escritos en nuestra contra. Solo Jesús hizo esto al morir por nuestros pecados. Su misma vida está escondida en Dios, como la nuestra está escondida en la suya.

No tenemos que derramar nuestra sangre, porque Él derramó la suya. Sin embargo, ser un sacrificio vivo significa vivir como Él, muerto al pecado, ¡pero vivo para Dios! Nos ofrecemos a Dios, en cuerpo y alma, como instrumentos de justicia.

La misericordia nos pone bajo la gracia, no la ley, y en respuesta a este don de gracia, seguimos el ejemplo de Cristo en la cruz. Todos los días nos rendimos a Dios y a la justicia en lugar de hacerlo a la carne y la maldad. Por un acto de la voluntad, entregamos nuestras vidas y presentamos nuestros cuerpos. Entonces, con fe, nos acercamos al corazón de Dios, aceptando la cruz.

Jesús:
Gracias por ir a la cruz por mí. Enséñame lo que significa llevar mi cruz, y vivir en obediencia y agradecimiento a ti.

Soy fuerte

CUANDO LLEVO MI CRUZ CADA DÍA,
Y ME OFREZCO COMO UN SACRIFICIO VIVO.

8

LA PALABRA DE DIOS

Grábense estas palabras en el corazón y en la mente; átenlas en sus manos como un signo, y llévenlas en su frente como una marca [...] escríbanlas en los postes de su casa y en los portones de sus ciudades. Así, mientras existan los cielos sobre la tierra, ustedes y sus descendientes prolongarán su vida sobre la tierra.

DEUTERONOMIO 11:18, 20-21

Dios exhortó a los hijos de Israel a que escribieran su Palabra en los postes de las puertas de sus casas y corazones. Además de meditar o memorizar las Escrituras, ¡yo tomo esto como una invitación a ser creativa! Sin duda, el pueblo de Dios lo hizo. Los hombres hebreos construyeron cajitas llamadas filacterias, llenas de pequeños rollos de la Escritura y, literalmente, las ataban en la frente, recordándoles que obedecieran la ley. El significado literal de la mezuzá judía es «jamba de la puerta», una hermosa caja con inscripciones que se cuelga sobre la puerta de la casa, y el pergamino en su interior contiene las palabras: «Escucha, Israel: El SEÑOR nuestro Dios es el único SEÑOR. Ama al SEÑOR tu Dios con todo tu corazón y con toda tu alma y con todas tus fuerzas» (Deuteronomio 6:4-5). ¡Qué hermoso recordatorio! ¿Por qué nosotras no deberíamos hacer lo mismo?

Se sabe que mis hijos pegan en sus espejos pasajes bíblicos en los que están meditando. Mi esposo escucha la Biblia en CD en su auto y los sermones en el gimnasio. Hay pódcast, música de adoración y sermones en línea. En realidad, es muy fácil incorporar la Palabra de Dios en tu vida diaria.

Mis nietos memorizan versículos para escribirlos en sus corazones. Algunas personas se hacen tatuajes. Si memorizan las Escrituras en familia, coloquen los pasajes en varios lugares y analicen cómo se pueden aplicar en la práctica. O para la reflexión privada, considera llevar un diario sobre cómo el versículo podría marcar una diferencia en tu vida diaria, en tus relaciones y en tu crecimiento en el Señor.

Las acciones prácticas como estas nos recuerdan que la Palabra de Dios está presente y es aplicable en cada lugar, cada situación, cada intersección en nuestra vida. Escríbela, divúlgala, memorízala y repítela, hasta que las palabras de Dios vayan desde tu cabeza hasta tu corazón.

Señor:
Muéstrame formas creativas de hacer de tu Palabra
una parte integral de mi vida diaria y práctica.

Soy fuerte

CUANDO MANTENGO SIEMPRE LAS PALABRAS DE DIOS ANTE MIS OJOS Y EN MI MENTE.

9

CONSTANCIA

Amados hermanos, cuando tengan que enfrentar cualquier tipo
de problemas, considérenlo como un tiempo para alegrarse
mucho porque ustedes saben que, siempre que se pone a prueba
la fe, la constancia tiene una oportunidad para desarrollarse.

SANTIAGO 1:2-3, NTV

¿En serio? ¿Se supone que los tiempos difíciles inspiran alegría? Una vez más, considera que nuestra fuerza de reacción es contradictoria a la respuesta de nuestra cultura. Después de todo, ¿quién se opondría a la respuesta de «alegrarse», por no hablar de «alegrarse mucho», ante varios tipos de pruebas? Sin embargo, esto es justo lo que Santiago, el hermano de Jesús, nos anima a hacer. Verás, en los tiempos difíciles, y no en los de tranquilidad, es cuando aprendemos a ser constantes. Algunos de los sinónimos de esta palabra son: perseverancia, tesón, tenacidad, empeño y firmeza. Necesitaremos todo esto si queremos mantenernos fuertes en un mundo que procura comprometer nuestra fuerza. Otra definición se refiere a esta cualidad de constancia como «gracia divina».

«Así que dejen que crezca, pues una vez que su constancia se haya desarrollado plenamente, serán perfectos y completos, y no les faltará nada» (Santiago 1:4, NTV). A la luz de esta promesa de desarrollo pleno, puedes entender por qué Santiago pensó que alegrarse mucho era una respuesta apropiada. En los duros tiempos de la prueba es cuando descubrimos dónde depositamos nuestra confianza o de dónde sacamos nuestras fuerzas. En las épocas secas de la vida es cuando descubrimos la profundidad de nuestro pozo. Las épocas de abundancia raras veces revelan de qué estamos hechas. De muchas maneras, las pruebas y las dificultades son nuestras entrenadoras de fuerza espiritual.

Veamos las palabras de Pablo para descubrir ejemplos de pruebas en la época de los primeros apóstoles:

Tres veces me golpearon con varas, una vez me apedrearon, tres veces naufragué, y pasé un día y una noche como náufrago en alta mar. Mi vida ha sido un continuo ir y venir de un sitio a otro; en peligros de ríos, peligros de bandidos, peligros de parte de mis compatriotas, peligros a manos de los gentiles, peligros en la ciudad, peligros en el campo, peligros en el mar y peligros de parte de falsos hermanos. (2 Corintios 11:25-26)

Y esta lista solo comprende dos de los versículos que Pablo usó para describir los desafíos que había enfrentado. Cuando leo esta lista, me siento un poco débil en comparación. Hoy en día, nuestra lista de desafíos podría decir: no me siguen en las redes sociales, no me invitan a una reunión de amigas, no me aprecian por lo que hago, no estoy contenta con mi apariencia ni con mi peso. Quizá a la luz de lo que enfrentó la iglesia primitiva, es hora de que todas subamos nuestro nivel de fortaleza.

Padre celestial:
Decido considerar las pruebas un tiempo para alegrarme mucho,
no porque las disfrute, sino porque estoy muy agradecida por
la constancia con la que obrarás en mí a través de ellas.

Soy fuerte

CUANDO SÉ QUE LAS PRUEBAS OBRAN EN MÍ.